Korte Verhalen in het Sloveens

Korte verhalen in Sloveens voor beginners en gevorderden

Ivan Mlakar

greenthumbpublishing@gmail.com

Inhoud

Inleiding

Lezen in een vreemde taal is een van de meest effectieve manieren om uw taalvaardigheid te verbeteren en uw woordenschat uit te breiden. Toch kan het soms moeilijk zijn om boeiend leesmateriaal op een geschikt niveau te vinden dat een gevoel van prestatie en vooruitgang geeft. De meeste boeken en artikelen die voor moedertaalsprekers zijn geschreven, kunnen te lang zijn en moeilijk te begrijpen, of kunnen een woordenschat op zeer hoog niveau hebben, zodat u zich overweldigd voelt en het opgeeft. Als deze problemen bekend klinken, dan is dit boek iets voor jou!

Korte Verhalen in het Sloveens is een verzameling van 25 onconventionele en onderhoudende korte verhalen die zijn ontworpen om beginnende tot gemiddeld niveau Sloveens lerenden te helpen hun taalvaardigheden te verbeteren.

Deze korte verhalen creëren een ondersteunende leesomgeving door het opnemen van:

- Rijke taalkundige inhoud in verschillende genres om u te vermaken en u bloot te stellen aan een verscheidenheid van woordvormen.
- Kortere verhalen in hoofdstukken om u de voldoening te geven verhalen af te maken en snel vooruitgang te boeken.
- Teksten die op uw niveau geschreven zijn, zodat ze gemakkelijker te begrijpen zijn en niet overweldigend.
- Nederlandse vertaling op wisselende pagina's, zodat u er regel voor regel direct naar kunt verwijzen terwijl u het Sloveens verhaal leest.
- De belangrijkste woordenschat staat vetgedrukt in

het hele verhaal en de vertaling, zodat u onbekende woorden gemakkelijker kunt begrijpen.
- Begrijpelijke vragen om uw begrip van belangrijke gebeurtenissen te testen en om u aan te moedigen meer in detail te lezen.

Dus of u nu uw woordenschat wilt uitbreiden, uw begrip wilt verbeteren of gewoon voor uw plezier wilt lezen, dit boek is de grootste stap voorwaarts die u dit jaar in uw studie zult maken. Korte Verhalen in het Sloveens geeft u alle steun die u nodig hebt, dus leun achterover, ontspan, en laat uw fantasie de vrije loop terwijl u wordt meegevoerd naar een magische wereld van avontuur, mysterie en intrige - in het Sloveens!

Hoe dit boek te gebruiken

Lezen is een moeilijk talent om onder de knie te krijgen. We gebruiken een reeks microvaardigheden om ons te helpen lezen in onze moedertaal. We kunnen bijvoorbeeld een passage doornemen om een globaal idee te krijgen van waar het over gaat. Of we kammen een groot aantal bladzijden van een treindienstregeling door op zoek naar een specifieke tijd of plaats. Terwijl deze microvaardigheden een tweede natuur zijn bij het lezen in onze moedertaal, blijkt uit onderzoek dat we de meeste ervan vaak vergeten bij het lezen in een vreemde taal. Wanneer we een vreemde taal leren, beginnen we gewoonlijk bij het begin van een tekst en werken we ons een weg door de tekst, waarbij we elk woord proberen te begrijpen. Onvermijdelijk komen we onbekende of ingewikkelde termen tegen en raken we geïrriteerd door ons onvermogen om ze te begrijpen.

Een van de grootste voordelen van het lezen in een vreemde taal is dat je wordt blootgesteld aan een groot aantal zinnen en uitdrukkingen die in alledaagse situaties worden gebruikt. Extensief lezen is een term die wordt gebruikt om het lezen voor plezier aan te duiden om een taal te leren. Het is niet zoals het lezen van een tekstboek, wanneer gesprekken of teksten zijn ontworpen om langzaam en zorgvuldig te worden gelezen met het doel om elk woord te begrijpen. "Intensief lezen" verwijst naar lezen dat wordt gedaan om specifieke leerdoelen te bereiken of taken te voltooien. Anders gezegd, intensief lezen in tekstboeken helpt meestal bij het leren van grammaticaregels en bepaalde woordenschat, maar extensief lezen van verhalen helpt bij het leren van natuurlijke taal.

Korte Verhalen in het Sloveens biedt u de mogelijkheid om meer te leren over natuurlijk Sloveens taalgebruik, ook al bent u uw taalleertocht misschien begonnen met uitsluitend tekstboeken. Hier zijn een paar tips om in gedachten te houden als u de verhalen in dit boek leest om er het meeste uit te halen: Als het op lezen aankomt, zijn plezier en een gevoel van vervulling van cruciaal belang. Je blijft terugkomen voor meer omdat je geniet van wat je aan het lezen bent. Elk verhaal van begin tot eind lezen is de beste methode om plezier te beleven aan het lezen van verhalen en je volbracht te voelen. Het belangrijkste is dan ook om het einde van een verhaal te halen. Dat is eigenlijk nog belangrijker dan elk woord te kennen.

Hoe meer je leest, hoe meer kennis je zult opdoen. U zult snel een kennis hebben van hoe Sloveens werkt als u grotere boeken leest voor uw plezier. Bedenk echter wel dat u, om ten volle van de voordelen van extensief lezen te kunnen profiteren, eerst een voldoende omvangrijk boek moet lezen. Door hier en daar een paar bladzijden te lezen leert u misschien een paar nieuwe woorden, maar het zal geen significant verschil maken in uw algehele niveau van Sloveens.

Accepteer dat je niet alles zult begrijpen van wat je in een roman leest. Dit is, zonder twijfel, het meest cruciale punt! Onthoud altijd dat het volkomen aanvaardbaar is dat u niet alle woorden of zinnen begrijpt. Het betekent niet dat je taalvaardigheden ontoereikend zijn of dat je slecht presteert. Het geeft aan dat u actief betrokken bent bij het leerproces.

Leesgids

Om het meeste uit het lezen van Korte Verhalen in het Sloveens te halen, kunt u het beste dit eenvoudige leesproces in zes stappen volgen voor elk hoofdstuk van de verhalen:

1. Lees de titel van het hoofdstuk. Denk na over waar het verhaal over zou kunnen gaan. Lees dan het verhaal helemaal door. Uw doel is gewoon het einde van het verhaal te bereiken. Stop daarom niet om woorden op te zoeken en maak u geen zorgen als er dingen zijn die u niet begrijpt. Probeer gewoon de plot te volgen.

2. Wanneer u het einde van het verhaal hebt bereikt, scant u de Nederlandse vertaling om te zien of u hebt begrepen wat er is gebeurd en pikt u alle context op die u misschien hebt gemist.

3. Ga terug en lees hetzelfde verhaal opnieuw. Als u wilt, kunt u zich meer op de details van het verhaal concentreren, maar anders leest u het gewoon nog een keer door.

4. Werk vervolgens door de begripsvragen in Sloveens om te controleren of u de belangrijkste gebeurtenissen in het verhaal begrijpt. Als u de vragen niet helemaal begrijpt, hoeft u zich geen zorgen te maken. Gebruik uw kennis om zo goed mogelijk te antwoorden.

5. Op dit punt moet u de belangrijkste gebeurtenissen van het hoofdstuk enigszins begrijpen. Als dat niet het geval is, kunt u het hoofdstuk een paar keer herlezen, waarbij u de vertaling gebruikt om onbekende woorden en zinnen te controleren, totdat u zich zeker voelt.

Zodra u klaar bent en zeker weet dat u begrijpt wat er is gebeurd - of dat nu na één lezing van het verhaal is of na meerdere - gaat u verder met het volgende verhaal en geniet u verder van het verhaal in uw eigen tempo, net zoals u van elk ander boek zou genieten.

Pas als u een verhaal in zijn geheel hebt uitgelezen, moet u overwegen terug te gaan en de verhaaltaal desgewenst verder uit te diepen. Of in plaats van u zorgen te maken of u alles begrijpt, de tijd te nemen om u te concentreren op alles wat u hebt begrepen en uzelf te feliciteren met alles wat u hebt gedaan.

Korte Verhalen

in het Sloveens

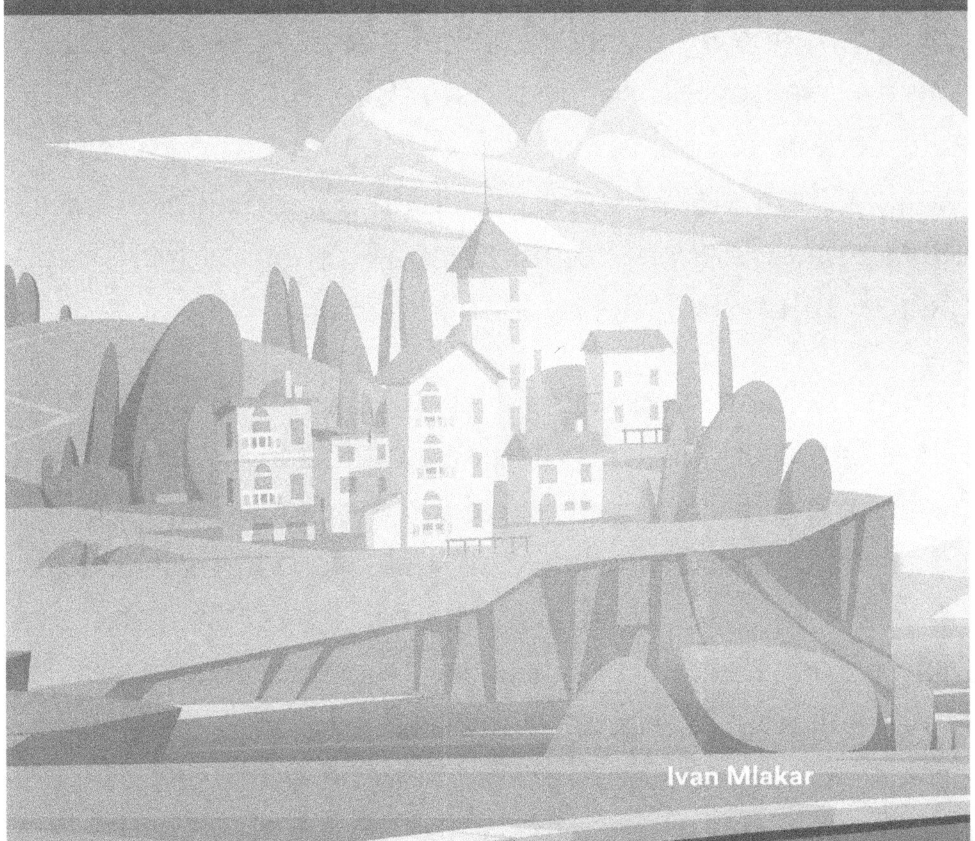

Ljubljana

Zbudil sem se ob zvokih ptic, ki so žvrgolele pred mojim **oknom**. Sonce je pravkar pokukalo čez obzorje in po nebu odelo rožnato in oranžno svetlobo. Leno sem vstal iz postelje, iztegnil roke nad **glavo in se odpravil po** stopnicah navzdol. Ko sem stopila v kuhinjo, me je pozdravil vonj sveže kave. Mož se mi je nasmehnil, ko mi je prinesel skodelico vroče kave. Skupaj sva se usedla za mizo in uživala v mirnem trenutku pred začetkom dneva. Ko sva popila **kavo,** sva se odločila, da se bova sprehodila po mestu. Bilo je še zgodaj, zato večina trgovin še ni bila odprta, vendar naju to ni motilo. Sprehajali smo se po ulicah s čudovitimi starimi stavbami, dokler nismo prispeli na Prešernov trg, enega naših **najljubših** krajev v Ljubljani.

Čeprav tu živimo že skoraj **leto dni, se** nikoli ne naveličamo občudovati razgleda s tega trga; nikoli nam ne vzame diha! Ko smo nekaj časa opazovali ljudi in se predajali **sončnim žarkom,** smo se odpravili domov na zajtrk. Po zajtrku smo se odločili, da raziščemo bližnje soseske. Sprehodili smo se po ulicah z drevesi in naleteli na prikupno majhno kavarno, ki je prej nismo opazili. Šla sva noter in naročila nekaj kav s seboj. Medtem ko sva srkala pijačo, sva se pogovarjala o različnih **krajih v** Ljubljani, **ki bi jih** rada obiskala v

Ljubljana

Ik werd wakker met het geluid van vogels die buiten mijn **raam tsjilpten**. De zon begon net over de horizon te komen en wierp een roze en oranje gloed aan de hemel. Ik stapte lui uit bed, strekte mijn armen boven mijn **hoofd**, en ging naar beneden. Toen ik de keuken binnenstapte, werd ik begroet door de geur van vers gezette koffie. Mijn man glimlachte naar me terwijl hij me een kop dampende hete koffie gaf. We gingen samen aan tafel zitten en genoten van een rustig moment voordat we aan onze dag begonnen. Nadat onze **koffie op was**, besloten we een wandeling door de stad te maken. Het was nog vroeg, dus de meeste winkels waren nog niet open, maar dat vonden we niet erg. We slenterden door straten met prachtige oude gebouwen tot we aankwamen op het Preernplein, een van onze **favoriete** plekken in Ljubljana.

Ook al wonen we hier nu bijna een **jaar**, we krijgen er nooit genoeg van om het uitzicht vanaf dit plein te bewonderen; het beneemt ons steeds weer de adem! Na wat mensen te hebben gekeken en van de **zon te hebben genoten**, gingen we naar huis voor het ontbijt. Na het ontbijt besloten we enkele buurten in de buurt te gaan verkennen. We liepen door met bomen omzoomde straten en stuitten op een schattig klein café

naslednjih nekaj mesecih. Tu je vedno nekaj novega, kar si lahko ogledamo ali počnemo! Ko sva spili kavo, sva nadaljevali pot domov po nekoliko drugačni poti, da sva lahko raziskali še več tega **čudovitega** mesta. Domov smo prispeli ravno pravočasno za kosilo in uživali še en miren trenutek skupaj, preden smo se vrnili k delu na svojih projektih.

Preostanek popoldneva je minil hitro in kmalu je bil čas za **večerjo**. Za večerjo smo se odločili, da si privoščimo eno od naših najljubših restavracij v mestu - Gostilno As, ki je znana po odlični slovenski **kuhinji**. Začeli smo s tradicionalnimi predjedmi, kot so truklji (zviti cmoki, polnjeni s **skuto)** in potica (vrsta orehove rulade). Za glavno jed je mož naročil piščanca na žaru, jaz pa pečeno jagnjetino s krompirjem in zelenjavo - obe jedi sta bili naravnost fantastični! Po večerji smo se v miru sprehodili po starem mestnem jedru, preden smo se odpravili domov. Ko sem legla v posteljo, sem razmišljala o tem, kakšno srečo imam, da živim v tako **čudovitem** mestu; res ni mesta, kot je Ljubljana!

dat we nog nooit eerder hadden gezien. We gingen naar binnen en bestelden een paar koffie om mee te nemen. Terwijl we van onze drankjes nipten, praatten we over alle verschillende **plaatsen die** we de komende maanden in Ljubljana zouden willen bezoeken. Er is hier altijd wel iets nieuws te zien of te doen! Nadat we onze koffie ophadden, vervolgden we onze weg naar huis, waarbij we een iets andere route namen, zodat we nog meer van deze **prachtige** stad konden verkennen. We kwamen net op tijd thuis voor de lunch en genoten nog van een rustig moment samen voordat we weer aan onze respectieve projecten gingen werken.

De rest van de middag vloog voorbij, en al snel was het tijd voor **het avondeten**. Voor het diner besloten we onszelf te trakteren op een van onze favoriete restaurants in de stad - Gostilna As - dat bekend staat om zijn heerlijke Sloveense **keuken**. We begonnen met een aantal traditionele voorgerechten, zoals truklji (opgerolde knoedels gevuld met cottage **cheese**) en potica (een soort notenbroodje). Voor ons hoofdgerecht bestelde mijn man gegrilde kip, terwijl ik koos voor geroosterd lamsvlees met aardappelen en groenten - beide gerechten waren absoluut fantastisch! Na het eten maakten we een ontspannen wandeling door de oude stad voordat we naar huis gingen voor de nacht. Toen ik in bed kroop, kon ik het niet helpen na te denken over hoe gelukkig ik ben om in zo'n **geweldige** stad te wonen; er is echt geen plaats zoals Ljubljana!

Vprašanja za razumevanje

1. Ob katerem zvoku se je protagonist zbudil?

2. Kakšno je bilo vreme zunaj?

3. Kaj sta protagonistka in mož počela, ko sta popila kavo?

4. Kaj je Preern Square?

5. Kako dolgo protagonistka in mož živita v Ljubljani?

6. Kaj sta protagonistka in mož počela, ko sta raziskala bližnje soseske?

7. Kaj je bilo za večerjo?

8. Po čem je znana družba Gostilna As?

9. Kaj je glavni junak počel po večerji?

10. Kaj protagonist meni o Ljubljani?

Begrip vragen

1. Met welk geluid werd de hoofdpersoon wakker?

2. Hoe was het weer buiten?

3. Wat hebben de hoofdpersoon en zijn echtgenoot gedaan nadat ze hun koffie op hadden?

4. Wat is Preern Square?

5. Hoe lang wonen de hoofdpersoon en zijn echtgenoot al in Ljubljana?

6. Wat hebben de hoofdpersoon en zijn echtgenoot gedaan nadat ze de nabijgelegen buurten hadden verkend?

7. Wat was het avondeten?

8. Waar is Gostilna As bekend om?

9. Wat deed de hoofdpersoon na het eten?

10. Wat vindt de hoofdpersoon van Ljubljana?

Kobilarna Lipica

Kobilarna Lipica je priznana konjerejska kmetija v Sloveniji, ki deluje že več kot 400 let. Na **kmetiji živijo** nekateri najlepši in najredkejši konji na svetu, prav tu pa naj bi se prvič razvila tudi lipicanska pasma. Obiskovalci kmetije si lahko ogledajo hleve, spoznajo konje in se celo udeležijo tečajev jahanja. Vendar se zdi, da eden od konj vedno pritegne pozornost vseh: osupljiv beli žrebec z imenom Pegaz. Pegaz se je v Kobilarni Lipica rodil pred nekaj več kot dvema letoma in hitro postal ljubljenec **obiskovalcev** in osebja. Ima neverjetno nežno naravo, vendar je tudi igriv in nagajiv, kar navdušuje vse, ki ga spoznajo. Nekega poletnega dne se je Pegaz z nekaterimi svojimi konjskimi **prijatelji odpravil na potep** po kmetiji.

Galopirali so po poljih divjih cvetlic, skakali čez ograje in se na splošno čudovito zabavali ob raziskovanju vsakega **kotička** posestva. Sčasoma so se spustili do reke, ki je tekla skozi kmetijske površine. Pegaz in njegovi prijatelji so se čofotali v reki in se hladili od svojih dogodivščin. Tako so se zabavali, da niso opazili nevihte, ki se je zgrinjala nad njimi. Nenadoma se je zasvetila strela in zagrmelo je, kar je konje spravilo v paniko. V vsej tej **zmedi** se je Pegaz ločil od prijateljev in pristal na drugi strani reke. Poskušal se je vrniti na

Lipica Stoeterij

De Lipica Stud Farm is een gerenommeerde paardenfokkerij in Slovenië die al meer dan 400 jaar bestaat. De **boerderij is de thuisbasis** van enkele van de mooiste en zeldzaamste paarden ter wereld, en er wordt gezegd dat het lippizanerras hier voor het eerst werd ontwikkeld. Bezoekers van de boerderij kunnen de stallen bezichtigen, de paarden ontmoeten en zelfs paardrijlessen nemen. Maar er is één paard dat altijd ieders aandacht lijkt te trekken: een prachtige witte hengst genaamd Pegasus. Pegasus werd iets meer dan twee jaar geleden geboren op de Lipica Stud Farm en hij werd al snel een favoriet onder zowel **bezoekers** als personeel. Hij heeft een ongelooflijk zacht karakter, maar is ook speels en ondeugend, wat hem vertedert bij iedereen die hem ontmoet. Op een zomerdag ging Pegasus ravotten op de boerderij met enkele van zijn **paardenvrienden**.

Ze galoppeerden door velden vol wilde bloemen, sprongen over hekken, en hadden in het algemeen een geweldige tijd met het verkennen van elke **hoek** van het landgoed. Uiteindelijk kwamen ze uit bij een rivier die door de landerijen stroomde. Pegasus en zijn vrienden plonsden in de rivier om af te koelen van hun avonturen. Ze hadden zoveel plezier dat ze niet

drugo stran, vendar je bil tok premočan, zato ga je odneslo po toku. Pogumno se je boril s tokom, vendar je na koncu izgubil **zavest,** ko ga je potegnilo pod **vodo**.

Pegaz se je zbudil in se znašel na **nenavadnem** kraju. Ležal je na postelji iz mehkih, belih oblakov, okoli njega pa so bili čudoviti **krilati** konji, ki so graciozno leteli po zraku. Eden od njih je pristopil k Pegazu in ga nežno pobožal z nosom. "Dobrodošel na Olimpu," je rekla. Čakali smo te. Pegaz ni vedel, kako naj se odzove. Še vedno je poskušal **predelati,** kaj se je dogajalo. Zadnje, česar se je spominjal, je bilo, da ga je rečni tok potegnil pod vodo. Zdaj pa je bil na nekem čarobnem kraju z letečimi konji! Konj, ki ga je pozdravil, mu je razložil, da je bil Pegaz izbran za enega od grških bogov. Rekla je, da je za Pegaza velika **čast, da** lahko leti in raziskuje svet kot še nikoli prej.

merkten dat er een storm op komst was. Plotseling flitste de bliksem en donderde het, waardoor de paarden in paniek raakten. In alle **commotie** raakte Pegasus gescheiden van zijn vrienden en belandde aan de andere kant van de rivier. Hij probeerde terug over te steken, maar de stroming was te sterk en hij werd stroomafwaarts meegesleurd. Hij vocht dapper tegen de stroming, maar verloor uiteindelijk **het bewustzijn** toen hij onder **water** werd getrokken.

Pegasus werd wakker en vond zichzelf op een **vreemde** plek. Hij lag op een bed van zachte, witte wolken, en om hem heen vlogen prachtige **gevleugelde** paarden sierlijk door de lucht. Een van hen kwam naar Pegasus toe en neusde hem zachtjes met haar neus. "Welkom op de berg Olympus," zei ze. We hebben op u gewacht. Pegasus wist niet hoe hij moest reageren. Hij probeerde nog steeds te **verwerken** wat er gebeurde. Het laatste wat hij zich herinnerde was dat hij onder water werd getrokken door de stromingen van de rivier. Nu was hij op een magische plek met vliegende paarden! Het paard dat hem had begroet, legde uit dat Pegasus was uitgekozen om een van de rijdieren van de Griekse goden te worden. Zij zei dat het een grote **eer** voor Pegasus was om te kunnen vliegen en de wereld te verkennen als nooit tevoren.

Vprašanja za razumevanje

1. Kaj je Kobilarna Lipica?

2. Kaj je pasma lipicanec?

3. Kaj lahko obiskovalci počnejo v Kobilarni Lipica?

4. Kdo je Pegaz?

5. Kaj so nekega poletnega dne počeli Pegaz in njegovi prijatelji?

6. Kaj se je zgodilo, ko se je nad vami razbesnela nevihta?

7. Kje se je Pegaz zbudil, ko ga je potegnilo pod vodo?

8. Kdo je pozdravil Pegaza ob njegovem prihodu na Olimp?

9. Kaj je konj povedal Pegazu o njegovi novi vlogi?

10. Kako se je Pegaz odzval, ko je bil izbran za jezdeca grških bogov?

Begrip vragen

1. Wat is de Lipica Stoeterij?

2. Wat is het Lipizzaner ras?

3. Wat kunnen bezoekers doen op de Lipica Stud Farm?

4. Wie is Pegasus?

5. Wat deden Pegasus en zijn vrienden op een zomerse dag?

6. Wat gebeurde er toen er een storm opsteekt?

7. Waar werd Pegasus wakker nadat hij onder water was getrokken?

8. Wie begroette Pegasus bij zijn aankomst op de berg Olympus?

9. Wat vertelde het paard Pegasus over zijn nieuwe rol?

10. Wat was Pegasus' reactie toen hij werd gekozen als rijdier van de Griekse goden?

Soteska Vintgar

Sonce je zašlo za gore in zadnji žarki **svetlobe so** prodirali skozi drevesa ter na gozdna tla metali topel sij. Listje je postajalo rdeče in oranžno, zrak pa je bil svež in hladen. V Sloveniji je bila jesen in soteska Vintgar je bila eden **najlepših** krajev za njen ogled. Ves dan sem hodil po hribih in utrujen, a vesel sem se spuščal po poti proti soteski. Že prej sem videl njene slike, vendar me nič ni moglo pripraviti na njeno lepoto v živo. Ko sem se bližal, sem slišal, da je šumenje vode vse glasnejše in vztrajnejše. In potem se je pojavila pred mano: **globoko** brezno s stenami, ki so se vzpenjale v zelene skale; ob njenem dnu je svetlo modra reka penela čez skale, preden je izginila v **tunelih, ki jih** je izklesala stoletna erozija.

Nekaj časa sem stal tam in si vse ogledoval, nato pa sem se spustil navzdol, da bi si pobliže ogledal to naravno čudo. **Tla** okoli mene so bila vlažna zaradi nedavnih padavin, zato sem pazil, da mi ni zdrsnilo, ko sem hodil po ozkih policah, dokler nisem končno prišel do starega lesenega mostu, ki je prečkal del reke spodaj. Od tu sem lahko videl ribe, ki so **plavale** proti toku, njihove luske pa so se srebrno lesketale v majhni količini sončne svetlobe, ki jim je še uspela priti od **zgoraj**. Gotovo sem tam ostal več ur in samo opazoval

Vintgar Kloof

De zon ging onder achter de bergen, en de laatste **lichtstralen** schenen door de bomen en wierpen een warme gloed op de bosgrond. De bladeren kleurden rood en oranje, en de lucht was fris en koel. Het was herfst in Slovenië, en de Vintgar-kloof was een van de **mooiste** plekken om die te zien. Ik had de hele dag gewandeld, en ik was moe maar blij toen ik het pad afliep naar de kloof. Ik had er al eerder foto's van gezien, maar niets kon me voorbereiden op de schoonheid ervan in levende lijve. Toen ik dichterbij kwam, hoorde ik het geluid van ruisend water steeds luider en aanhoudender worden. En toen verscheen hij voor me: een **diepe** kloof met wanden die omhoog rezen tot groene kliffen; aan de basis schuimde een helderblauwe rivier over rotsen voordat hij verdween in **tunnels** die door eeuwenlange erosie waren uitgeslepen.

Ik bleef even staan om alles in me op te nemen voor ik naar beneden ging om dit natuurwonder van dichtbij te bekijken. De **grond** om me heen was vochtig van de recente regenval, dus ik was voorzichtig om niet uit te glijden als ik liep langs smalle richels tot ik eindelijk bij een oude houten brug die overspande een deel van de rivier beneden. Van hieruit kon ik vissen tegen de

vodo in poslušal njen **tok.**

Bilo je tako **mirno** in pomirjujoče in čutila sem, kako se
z vsakim trenutkom razblinjajo moje skrbi. Sčasoma
me je začela glodati lakota, zato sem se nejevoljno
odtrgal od soteske in se vrnil na pot, ki me je vodila iz
gozda nazaj v **civilizacijo**. Med hojo sem se počutil
hvaležnega, da sem imel to izkušnjo. Spomnila me
je, koliko lepote še vedno obstaja na tem svetu - celo
na krajih, ki se na prvi pogled zdijo običajni ali **znani.**
Včasih potrebujemo le malo časa, da stvari okoli sebe
zares vidimo s svežimi očmi; le tako lahko resnično
cenimo njihovo **čudovitost**.

stroom in zien **zwemmen**, hun schubben glinsterden zilver in het weinige zonlicht dat hen van **boven** nog kon bereiken. Ik moet daar uren zijn gebleven, kijkend naar het water en luisterend naar het **geluid** van het voorbijrazende water.

Het was zo **vredig** en rustgevend, en ik voelde mijn zorgen met het verstrijken van elk moment wegsmelten. Maar uiteindelijk begon de honger aan me te knagen, dus rukte ik me met tegenzin los van de kloof en keerde terug naar het pad dat me uit het bos terug naar de bewoonde **wereld** zou brengen. Terwijl ik liep, kon ik het niet helpen, maar ik voelde me dankbaar dat ik deze ervaring had gehad. Het was een herinnering aan hoeveel schoonheid er nog steeds bestaat in deze wereld - zelfs op plaatsen die op het eerste gezicht gewoon of **bekend lijken**. Soms is er maar een beetje tijd nodig om de dingen om ons heen met een frisse blik te zien; alleen dan kunnen we hun **wonder werkelijk waarderen**.

Vprašanja za razumevanje

1. Kateri letni čas je opisan v besedilu?

2. Kje je avtor?

3. S kakšnim namenom je avtor v gozdu?

4. Kaj si avtor misli o soteski Vintgar?

5. Kako se avtor počuti v soteski?

6. Kaj avtor vidi v soteski?

7. Kaj počne avtor v soteski?

8. Kako se počuti avtor, ko zapusti sotesko?

9. Kakšno je avtorjevo splošno mnenje o izkušnji?

10. S kakšnim namenom je avtor napisal besedilo?

Begrip vragen

1. In welke tijd van het jaar is het in de tekst?

2. Waar is de auteur?

3. Wat is het doel van de auteur om in het bos te zijn?

4. Wat vindt de auteur van Vintgar Gorge?

5. Hoe voelt de auteur zich bij de kloof?

6. Wat ziet de schrijver bij de kloof?

7. Wat doet de schrijver als hij in de kloof is?

8. Hoe voelt de auteur zich bij het verlaten van de kloof?

9. Wat is het algemene oordeel van de auteur over de ervaring?

10. Wat is het doel van de auteur bij het schrijven van de tekst?

Neandertalčeva flavta

Neandertalčevo flavto so odkrili v jami v **gorah** srednje Evrope. Narejena je iz kosti severnega jelena in naj bi bila stara več kot 40.000 let. Flavto naj bi uporabljali v obredne namene, morda pa je služila tudi za sporazumevanje z drugimi neandertalci. Flavto je odkrila skupina arheologov, ki je raziskovala **jamo**. Flavto so našli v skriti komori, ki je bila več tisoč let zaprta. Flavta je v **odličnem** stanju in velja za eno najstarejših glasbil na **svetu**.

Neandertalčevo flavto so preučevali znanstveniki in muzikologi z vsega sveta. Menijo, da so s flavto ustvarjali glasbo, ki je bila hkrati lepa in **strašljiva**. Zvok flavte naj bi bil podoben zvoku **človeškega** glasu. Neandertalčeva flavta je **fascinanten** del zgodovine, ki je bil skrbno ohranjen. Je pomemben del naše človeške dediščine in jo je treba ceniti še mnogo let. Flavta je zdaj razstavljena v muzeju in je eden najbolj priljubljenih eksponatov. Obiskovalci z vsega sveta prihajajo, da bi si flavto ogledali in jo **slišali** igrati.

Neandertalčeva flavta je opomin na našo skupno **zgodovino** in človeškost. Flavta je **simbol** naše sposobnosti ustvarjanja lepote in medsebojnega

Neanderthaler Fluit

De fluit van de Neanderthaler werd ontdekt in een grot in de **bergen** van Midden-Europa. Hij is gemaakt van de beenderen van een rendier en is vermoedelijk meer dan 40.000 jaar oud. Aangenomen wordt dat de fluit voor ceremoniële doeleinden werd gebruikt en dat hij werd gebruikt om met andere Neanderthalers te communiceren. De fluit werd ontdekt door een groep archeologen die de **grot** onderzochten. Zij vonden de fluit in een verborgen kamer die duizenden jaren afgesloten was geweest. De fluit verkeert in **uitstekende** staat en wordt beschouwd als een van de oudste muziekinstrumenten ter **wereld**.

De fluit van de Neanderthalers is bestudeerd door wetenschappers en musicologen van over de hele wereld. Aangenomen wordt dat de fluit werd gebruikt om muziek te maken die zowel mooi als **beklijvend was**. Het geluid van de fluit zou vergelijkbaar zijn met dat van een **menselijke** stem. De fluit van de Neanderthalers is een **fascinerend** stuk geschiedenis dat zorgvuldig bewaard is gebleven. Het is een belangrijk onderdeel van ons menselijk erfgoed en zou nog jarenlang gekoesterd moeten worden. De fluit is nu te zien in een museum en is een van de populairste

sporazumevanja. Opominja nas, da nas vse **povezuje** naša skupna človečnost. Neandertalčeva flavta je pomemben del naše zgodovine in jo moramo vsi ceniti. Neandertalčeva flavta je opomin, da nas vse povezuje naša skupna človečnost.

tentoonstellingsstukken. Bezoekers van over de hele wereld komen om de fluit te zien en om hem te horen spelen.

De fluit van de Neanderthalers is een herinnering aan onze gedeelde **geschiedenis** en onze gemeenschappelijke menselijkheid. De fluit is een **symbool** van ons vermogen om schoonheid te scheppen en met elkaar te communiceren. Het is een herinnering aan het feit dat wij allen **verbonden** zijn door onze gedeelde menselijkheid. De fluit van de Neanderthalers is een belangrijk onderdeel van onze geschiedenis en moet door iedereen worden gekoesterd. De fluit van de Neanderthalers is een herinnering aan het feit dat we allemaal verbonden zijn door onze gedeelde menselijkheid.

Vprašanja za razumevanje

1. Kaj je neandertalčeva flavta?

2. Kje so odkrili neandertalčevo flavto?

3. Kako stara je neandertalčeva flavta?

4. Iz česa je narejena neandertalčeva flavta?

5. Kakšen je namen neandertalčeve flavte?

6. Kako so odkrili neandertalčevo flavto?

7. V kakšnem stanju je neandertalčeva flavta?

8. Kakšen je pomen neandertalske flavte?

9. Kje je zdaj neandertalčeva flavta?

10. Zakaj je neandertalčeva flavta pomembna?

Begrip vragen

1. Wat is de Neanderthaler fluit?

2. Waar werd de fluit van de Neanderthalers ontdekt?

3. Hoe oud is de fluit van de Neanderthaler?

4. Waar is de Neanderthaler fluit van gemaakt?

5. Wat is het doel van de fluit van de Neanderthalers?

6. Hoe werd de fluit van de Neanderthalers ontdekt?

7. Wat is de conditie van de Neanderthaler fluit?

8. Wat is de betekenis van de fluit van de Neanderthalers?

9. Waar is de Neanderthaler fluit nu?

10. Waarom is de fluit van de Neanderthalers belangrijk?

Blejsko jezero

Sonce je zašlo nad Blejskim jezerom in zadnji žarki svetlobe so **sijali** na vodo. To je bil čudovit pogled. Nenadoma se je v vodi zaslišal pljusk in pojavila se je glava. To je bila **ženska**! Začela je plavati proti obali. Ko jo je dosegla, je vstala in se ozrla naokoli. Nikogar ni videla, zato je začela hoditi proti mestu. Med hojo je v daljavi zagledala luči in od nekod slišala glasbo. Sledila je zvoku, dokler ni prišla na **trg,** kjer so ljudje plesali in se smejali. Ko so zagledali njena mokra **oblačila,** so se vsi ustavili in jo opazovali. Ženska ni vedela, kaj naj stori, zato je samo stala tam. Nato je k njej pristopil moški in jo vprašal, kako ji je ime. Povedala mu je, da je Sara.

Predstavil se je kot John in dejal, da ji bo pomagal najti prenočišče. Sara mu je bila hvaležna za pomoč in je odšla z njim. Odpeljal jo je v majhno gostilno na robu mesta in se pogovoril z **lastnikom**. Lastnik je rekel, da lahko ostane v eni od sob v nadstropju. John je pomagal Sari po stopnicah v njeno sobo. Nato ji je zaželel lahko noč in odšel. Sarah je bila utrujena od dolgega plavanja, zato je šla spat. Ponoči je **trdno** spala in se zbudila šele zjutraj. Ko je odprla oči, je videla, da je sonce **že** vzšlo. Vstala je iz postelje in pogledala skozi okno. Pogled je bil osupljiv! Videla je

Het meer van Bled

De zon ging onder boven het meer van Bled, en de laatste lichtstralen **schenen** op het water. Het was een prachtig gezicht. Plotseling klonk er een plons in het water en verscheen er een hoofd. Het was een **vrouw**! Ze begon naar de oever te zwemmen. Toen ze die bereikte, stond ze op en keek om zich heen. Ze zag niemand, dus begon ze naar de stad te lopen. Terwijl ze liep, zag ze licht in de verte en hoorde ergens muziek vandaan komen. Ze volgde het geluid tot ze op een **plein** kwam waar mensen aan het dansen en lachen waren. Ze stopten allemaal toen ze haar natte **kleren zagen** en staarden haar aan. De vrouw wist niet wat ze moest doen, dus bleef ze daar maar staan. Toen kwam er een man naar haar toe en vroeg haar naam. Ze vertelde hem dat ze Sarah heette.

Hij stelde zich voor als John en zei dat hij haar zou helpen een verblijfplaats voor de nacht te vinden. Sarah was dankbaar voor zijn hulp en ging met hem mee. Hij bracht haar naar een kleine herberg aan de rand van de stad en sprak met de **eigenaar**. De eigenaar zei dat ze kon overnachten in een van de kamers boven. John hielp Sarah de trap op en naar haar kamer. Toen zei hij haar goedenacht en vertrok. Sarah was moe van haar lange zwempartij, dus ging ze naar bed. Ze **sliep** de

Blejsko jezero in gore za njim. Ko je Sarah nekaj minut občudovala razgled, se je oblekla in odšla **dol**. Ko je stopila na **trg, je** spet zagledala Johna.

Pozdravil jo je z nasmehom in jo vprašal, ali želi skupaj **zajtrkovati.** Sarah je privolila in odšla sta v bližnjo kavarno. Po zajtrku je John Sarah razkazal mesto. Pokazal ji je, kje dela kot **mizar,** in ji predstavil nekaj svojih prijateljev. Vsi so se zdeli dovolj prijazni, vendar se Sarah ni mogla znebiti občutka, da se v tem majhnem mestu počuti kot tujec. Pozneje tistega dne je John peljal Sarah k jezeru. Sprehodila sta se okoli njega in se pogovarjala o svojih **življenjih**. Sarah mu je pripovedovala o svojem življenju v mestu in o tem, kako je prišla do Blejskega jezera. John ji je pripovedoval o odraščanju v tem mestu in o tem, kako rad je tukaj. Medtem ko sta se pogovarjala, nista opazila, da sonce zahaja za **gore**. Šele ko se je nebo začelo obarvati **rdeče,** sta se zavedla, kako pozno je že. Poslovila sta se in si obljubila, da se kmalu spet srečata.

hele nacht door en werd pas 's morgens wakker. Toen ze haar ogen opende, zag ze dat de zon **al op was**. Ze stapte uit bed en keek uit het raam. Het uitzicht was adembenemend! Ze kon het meer van Bled zien en de bergen daarachter. Na een paar minuten het uitzicht bewonderd te hebben, kleedde Sarah zich aan en ging **naar beneden**. Toen ze het **plein** opliep, zag ze John weer.

Hij begroette haar met een glimlach en vroeg of ze samen wilde **ontbijten**. Sarah zei ja, en ze gingen naar een café in de buurt. Na het ontbijt leidde John Sarah rond in de stad. Hij liet haar zien waar hij als **timmerman werkte** en stelde haar voor aan enkele van zijn vrienden. Iedereen leek vriendelijk genoeg, maar Sarah voelde zich een buitenstaander in deze kleine stad. Later die dag nam John Sarah mee naar het meer. Ze liepen er omheen en spraken over hun **levens**. Sarah vertelde hem over haar leven in de stad en hoe ze naar het meer van Bled was gekomen. John vertelde haar over hoe hij in de stad was opgegroeid en hoe hij het hier geweldig vond. Terwijl ze praatten, merkten ze niet dat de zon achter de **bergen onderging**. Pas toen de lucht **rood begon te kleuren**, beseften ze hoe laat het was geworden. Ze namen afscheid en beloofden elkaar snel weer te zien.

Vprašanja za razumevanje

1. Kaj je storila ženska, ko je zagledala luči in slišala glasbo?

2. Kako so se odzvali ljudje na trgu, ko so videli žensko?

3. Kdo je ženski pomagal najti prenočišče?

4. Kakšen je bil razgled iz Sarine sobe v gostilni?

5. Kam je John peljal Saro po zajtrku?

6. O čem sta se Sara in John pogovarjala med sprehodom okoli jezera?

7. Kako so se počutili, ko so ugotovili, da je že pozno?

8. Od kod je bila Sara?

9. Zakaj je prišla na Blejsko jezero?

10. Kaj je John povedal Sarah o odraščanju v mestu?

Begrip vragen

1. Wat deed de vrouw toen ze de lichten zag en de muziek hoorde?

2. Hoe reageerden de mensen op het plein toen ze de vrouw zagen?

3. Wie heeft de vrouw geholpen een verblijfplaats te vinden?

4. Wat was het uitzicht vanuit Sarah's kamer in de herberg?

5. Waar nam John Sarah mee naartoe na het ontbijt?

6. Waar hadden Sarah en John het over toen ze rond het meer liepen?

7. Hoe voelden zij zich toen zij beseften hoe laat het werd?

8. Waar kwam Sarah vandaan?

9. Waarom is ze naar het meer van Bled gekomen?

10. Wat heeft John Sarah verteld over opgroeien in de stad?

Alpsko smučanje

Sneg je rahlo padal, ko sem se odpravil na vrh **gore**. Bil je čudovit dan za smučanje in komaj sem čakal, da začnem. Ko sem dosegel vrh, sem videl celotno dolino pod sabo, prekrito s plastjo **bele barve**. Globoko sem vdihnil hladen zrak in se začel spuščati po pobočju. Sveži prah je bil kot nalašč za smučanje in hitro sem se izgubil v ritmu rezanja zavojev po snegu. Tu in tam sem v perifernem vidu zagledal nekaj, kar **se je premikalo,** a ko sem se ozrl, ni bilo ničesar. Čez nekaj časa sem se začel počutiti **utrujenega in** se odločil, da si vzamem odmor.

Ustavil sem se ob nekaj drevesih na robu proge in se naslonil na eno od njih, da bi se za nekaj minut spočil. Ko sem tam stal in lovil **sapo,** sem s kotičkom očesa spet opazil gibanje. Tokrat sem se ozrl in zagledal nekaj, kar je švigalo med **drevesi** tik pred mano. Nisem mogel verjeti svojim očem! Prepričan sem bil, da je to, karkoli je bilo, videlo tudi mene. Nisem vedel, kaj naj storim, zato sem samo stal na mestu. Čez nekaj trenutkov je bitje izza dreves prišlo na prosto. To je bila lisica! Nekaj časa sva samo strmela drug v drugega, preden se je obrnila in stekla nazaj v **gozd**. Takrat sem se zavedel, da sem ves čas zadrževal dih.

Srce se mi je razbijalo tako hitro, kot bi se s polno

Alpineskiën

De sneeuw viel zachtjes toen ik me naar de top van de **berg begaf**. Het was een prachtige dag om te skiën, en ik kon niet wachten om te beginnen. Toen ik de top bereikte, kon ik de hele vallei onder me zien, gehuld in een laag **wit**. Ik ademde diep de koude lucht in en begon toen aan de afdaling. De verse poeder was perfect om te skiën, en ik raakte al snel verdwaald in het ritme van bochten maken door de sneeuw. Af en toe ving ik een glimp op van iets **dat bewoog** in mijn perifere zicht, maar als ik omkeek, was er niets te zien. Na een tijdje begon ik me **moe** te voelen en besloot ik een pauze in te lassen.

Ik stopte bij een paar bomen aan de rand van de ren en leunde tegen een boom om een paar minuten uit te rusten. Terwijl ik daar stond om op **adem te komen**, zag ik vanuit mijn ooghoek weer beweging. Deze keer, toen ik omkeek, zag ik iets tussen de **bomen** voor me uit schieten. Ik kon mijn ogen niet geloven! Ik was er zeker van dat wat het ook was, het mij ook had gezien. Ik wist niet wat ik moest doen, dus stond ik daar maar**,** **bevroren** op mijn plaats. Na enkele ogenblikken kwam het schepsel achter de bomen vandaan en kwam in het open veld. Het was een vos! We staarden elkaar een ogenblik aan voordat het zich omdraaide en terug het **bos in rende**. Toen besefte ik dat ik de hele tijd mijn

hitrostjo spuščal po gori. Šele takrat sem se zavedel, kako **tiho je** postalo. Edini zvok je bil sneg, ki je nežno padal po zraku okoli mene. Še nekaj minut sem stal tam in se poskušal umiriti. Srečanje me je tako pretreslo, da sem se odločil, da se vrnem z gore. Ko sem se ponovno podal na smučanje, so se mi po **glavi podila** vprašanja o tem, kaj se je pravkar zgodilo. Ali je bila to res lisica? Ali sem **si** jo samo **predstavljal?** V vsakem primeru je bila to zagotovo najbolj vznemirljiva stvar, ki se mi je kdajkoli zgodila med smučanjem! O dogodku sem povedal prijateljem in družini, vendar mi nihče ni verjel. Vsi so rekli, da se mi mora nekaj zdeti, saj na tem območju ni lisic. Toda jaz vem, kaj sem videl, in nikoli ne bom pozabil tistega dne, ko sem smučal na gori in imel bližnje **srečanje z** divjo živaljo.

adem had ingehouden.

Mijn hart ging net zo snel tekeer als wanneer ik op volle snelheid van de berg af zou skiën. Pas toen besefte ik hoe **stil** het was geworden. Het enige geluid was van de sneeuw die zachtjes door de lucht om me heen viel. Ik stond daar nog een paar minuten en probeerde mezelf te kalmeren. Ik was zo geschokt door de ontmoeting dat ik besloot om terug naar beneden te gaan. Toen ik weer begon te skiën, raasde mijn **hoofd** over van vragen over wat er net gebeurd was. Was dat echt een vos? Of had ik het **me** gewoon verbeeld? Hoe dan ook, het was absoluut het spannendste wat me ooit was overkomen tijdens het skiën! Ik vertelde mijn vrienden en familie over het voorval, maar niemand geloofde me. Ze zeiden allemaal dat ik dingen gezien moest hebben, omdat er geen vossen in het gebied zijn. Maar ik weet wat ik gezien heb, en ik zal die dag nooit vergeten toen ik op de berg aan het skiën was en een wild dier tegenkwam.

Vprašanja za razumevanje

1. Kje je bil avtor, ko se je srečal z divjo živaljo?

2. Kakšno je bilo vreme, ko se je avtor srečal z divjo živaljo?

3. Kaj je počel avtor, ko se je srečal z divjo živaljo?

4. Kaj je avtor videl s perifernim vidom?

5. Kaj je naredilo bitje, ko je prišlo izza dreves?

6. Kako se je avtor počutil, ko je bitje pobegnilo nazaj v gozd?

7. Kateri je bil edini zvok, ki ga je avtor slišal, ko je bitje pobegnilo nazaj v gozd?

8. Kako dolgo je avtor stal tam, ko je bitje pobegnilo nazaj v gozd?

9. Kaj se je avtorju porodilo v glavi, ko je bitje pobegnilo nazaj v gozd?

10. Komu je avtor povedal o dogodku?

Begrip vragen

1. Waar was de schrijver toen hij de ontmoeting met het wilde dier had?

2. Hoe was het weer toen de auteur de ontmoeting met het wilde dier had?

3. Wat was de schrijver aan het doen toen hij de ontmoeting met het wilde dier had?

4. Wat zag de schrijver in zijn perifere visie?

5. Wat deed het schepsel toen het achter de bomen vandaan kwam?

6. Hoe voelde de auteur zich nadat het schepsel terug het bos in rende?

7. Wat was het enige geluid dat de schrijver kon horen nadat het schepsel het bos weer in rende?

8. Hoe lang stond de schrijver daar nadat het schepsel terug het bos in rende?

9. Waar dacht de auteur aan nadat het schepsel terug het bos in rende?

10. Wie heeft de auteur over het incident verteld?

Knedlji

Prvič sem cmoke jedel pri babici. Vedno jih je pripravila iz nič in bili so zelo okusni. Ko je umrla, sem se odločila, da jih bom poskusila pripraviti tudi sama. Potrebovala sem nekaj poskusov, da mi je recept uspel, zdaj pa jih pripravljam ves čas. So ena **najljubših** jedi moje družine. Običajno naredim veliko serijo cmokov in jih zamrznem v posameznih porcijah. Tako si jih lahko privoščimo, kadarkoli si jih zaželimo, ne da bi se morali vsakič truditi z njihovo pripravo iz nič. In verjemite mi, vredni so tega! Babičini cmoki so bili vedno polni **najokusnejših** stvari. Uporabljala je različno **meso**, zelenjavo in začimbe, da so bili popolni. Poskušala sem poustvariti njen recept, vendar brez njene skrivne sestavine: **ljubezni,** ni isto.

Vsakič, ko zdaj pripravljam cmoke, pomislim na svojo babico in na vse čudovite spomine, ki sva jih delili skupaj. Kot je rekla: "Najboljši cmoki so narejeni z ljubeznijo." Nekega dne sem **si zares zaželela** cmokov, zato sem se odločila, da grem v trgovino in kupim nekaj zamrznjenih. Toda ko sem prišla domov in jih začela **kuhati,** se mi je zdelo, da nekaj ni v redu. V primerjavi z domačimi cmoki so bili brez okusa in dolgočasni. Takrat sem spoznala, da sveže pripravljeni in z ljubeznijo skuhani cmoki preprosto niso **nadomestilo.** Odslej bom

Knoedels

De eerste keer dat ik knoedels at, was bij mijn grootmoeder **thuis**. Ze maakte ze altijd zelf, en ze waren absoluut heerlijk. Nadat ze overleden was, besloot ik ze zelf te maken. Het kostte me een paar pogingen om het recept goed te krijgen, maar nu maak ik ze de hele tijd. Ze zijn een van de **favoriete** maaltijden van mijn familie. Ik maak meestal een grote partij dumplings en vries ze in individuele porties in. Op die manier kunnen we ze eten wanneer we maar willen, zonder dat we ze elke keer opnieuw hoeven te maken. En geloof me, ze zijn het waard! Mijn oma's dumplings waren altijd gevuld met de **heerlijkste** dingen. Ze gebruikte een verscheidenheid aan **vlees**, groenten en kruiden om ze perfect te maken. Ik heb geprobeerd haar recept na te maken, maar het is gewoon niet hetzelfde zonder haar geheime ingrediënt: **liefde**.

Elke keer als ik nu dumplings maak, denk ik aan mijn oma en alle mooie herinneringen die we samen hebben gedeeld. Zoals zij altijd zei: "De beste dumplings worden met liefde gemaakt." Laatst had ik echt **trek in** knoedels, dus besloot ik diepvriesknoedels te kopen. Maar toen ik thuis kwam en ze begon **te koken**, leek er iets niet goed te zijn. Ze smaakten flauw en saai in vergelijking met zelfgemaakte dumplings. Toen

jedel (in kuhal) samo domače cmoke. Priprava cmokov je delo ljubezni, vendar je vredno, ko vidiš nasmeh na obrazih svoje družine, ko vzame prvi grižljaj. Nekaj je v teh majhnih žepkih **dobrote, kar** ljudi osrečuje. Zelo sem vesela, da me je babica naučila, kako pripraviti cmoke. Morda zahtevajo nekaj časa in **truda,** vendar so na koncu vsekakor vredni tega.

Bila sem razpoložena za udobno hrano, zato sem se odločila, da naredim cmoke. Že dolgo jih nisem pripravljala, vendar sem se spomnila babičinega **recepta**. Najprej sem zavrela vodo, nato pa sem dodala moko in jajca, da sem naredila testo. Ko je bilo vse skupaj zmešano, sem ga razvaljala v dolgo testo in ga nato razrezala na majhne koščke. Nato je sledil zabavni del: polnjenje cmokov! Uporabil sem različne vrste mesa, zelenjave in **začimb,** da sem ustvaril različne kombinacije okusov. Nekatere so bile slane, druge sladke, a vse so bile okusne. Ko so bili vsi napolnjeni, sem jih **kuhala** v vodi, dokler niso priplavali na površje. Nato sem jih postregel s preprosto omako za pomakanje in opazoval, kako jih je moja družina požirala! Vsekakor so bili vredni **truda**.

realiseerde ik me dat er gewoon geen **vervanging is** voor verse dumplings die met liefde zijn gekookt. Vanaf nu eet (en kook) ik alleen nog maar zelfgemaakte dumplings. Knoedels maken is een karwei van liefde, maar het is het zo waard als je de glimlach op de gezichten van je familie ziet als ze hun eerste hap nemen. Er is gewoon iets aan deze kleine zakken van **goedheid** dat mensen gelukkig maakt. Ik ben zo blij dat ik knoedels van mijn grootmoeder heb leren maken. Het kost misschien wat tijd en **moeite**, maar uiteindelijk zijn ze het zeker waard.

Ik had zin in wat comfort food, dus besloot ik knoedels te maken. Ik had ze al een tijdje niet meer gemaakt, maar ik herinnerde me het **recept** van mijn grootmoeder. Ik begon met het koken van water en voegde de bloem en eieren toe om het deeg te maken. Toen alles goed gemengd was, rolde ik het uit tot een lang touw en sneed het in kleine stukjes. Toen kwam het leuke gedeelte: het vullen van de knoedels! Ik gebruikte verschillende soorten vlees, groenten en **kruiden** om verschillende smaakcombinaties te maken. Sommige waren hartig, andere zoet, maar ze waren allemaal heerlijk. Toen ze allemaal gevuld waren, **kookte** ik ze in water tot ze boven kwamen drijven. Daarna serveerde ik ze met een eenvoudige dipsaus en keek toe hoe mijn familie ze verslond! Ze waren zeker de **moeite waard.**

Vprašanja za razumevanje

1. Kdaj je avtor prvič jedel cmoke?

2. Kako se je avtorica počutila po smrti svoje babice?

3. Zakaj se je avtorica odločila, da bo tudi sama poskusila pripraviti cmoke?

4. Kaj je avtorica naredila drugače, ko je sama poskusila pripraviti cmoke?

5. Kakšen je bil rezultat avtorjevih prizadevanj?

6. Kaj avtorica pravi o babičinih cmokih?

7. Kaj se je zgodilo, ko je avtor v trgovini kupil zamrznjene cmoke?

8. Zakaj se je avtor odločil, da bo odslej jedel samo še domače cmoke?

9. Kaj avtor pravi o pripravi cmokov?

10. Kakšen je bil rezultat avtorjeve priprave cmokov?

Begrip vragen

1. Wat was de eerste keer dat de auteur dumplings at?

2. Hoe voelde de schrijfster zich na het overlijden van haar grootmoeder?

3. Waarom besloot de auteur te proberen zelf dumplings te maken?

4. Wat deed de auteur anders toen ze probeerde zelf dumplings te maken?

5. Wat was het resultaat van de inspanningen van de auteur?

6. Wat zegt de schrijfster over de knoedels van haar grootmoeder?

7. Wat gebeurde er toen de auteur bevroren knoedels kocht in de winkel?

8. Waarom heeft de auteur besloten om voortaan alleen nog maar zelfgemaakte knoedels te eten?

9. Wat zegt de auteur over het maken van dumplings?

10. Wat was het resultaat van het maken van dumplings door de auteur?

Slavoj Žižek

Slavoj Žižek je imel **grozen** dan. Najprej se je pozno zbudil in je moral hiteti na jutranje predavanje. Nato je ugotovil, da je doma pustil svojo skodelico za kavo, zato je moral piti **grenko** univerzitetno kavo. Kot da to ne bi bilo dovolj, mu je med predavanjem eden od študentov postavil vprašanje, na katerega ni znal odgovoriti. Bil je tako razburjen, da je po nesreči prevrnil kozarec za vodo. Za nameček je ob vrnitvi v pisarno ugotovil, da mu je nekdo iz **hladilnika** ukradel kosilo. Zaradi vsega tega je bil Slavoj zelo nejevoljen. Tako zelo, da je Slavoj, ko je eden od sodelavcev na hodniku poskušal navezati pogovor z njim, odvrnil, naj ga pustijo pri miru. To je stvari samo še poslabšalo, saj se je Slavoj zdaj počutil krivega, ker je bil **nesramen**. Odločil se je, da se bo sprehodil po kampusu, da si zbistri glavo, preden se bo vrnil k ocenjevanju nalog. Med hojo je poskušal globoko vdihniti in se umiriti.

Vendar ni imel veliko **sreče in** še vedno je bil precej jezen, ko je zavil za vogal in naletel na nekoga. Oseba se mu je zelo opravičila, vendar je Slavoj le odkorakal mimo nje, ne da bi jo pogledal. Bil je tako zatopljen v **misli,** da ni niti opazil skupine učencev, dokler se niso znašli tik pred njim. Zapirali so mu pot in eden od njih je spregovoril. "Oprostite, profesor Žižek? Zanima

Slavoj Žižek

Slavoj Žižek had een **verschrikkelijke** dag. Eerst werd hij laat wakker en moest hij zich haasten naar zijn ochtendcollege. Vervolgens besefte hij dat hij zijn koffiemok thuis had laten staan en moest hij de **bittere** universiteitskoffie drinken. En alsof dat nog niet genoeg was, stelde een van zijn studenten hem tijdens zijn lezing een vraag die hij niet kon beantwoorden. Hij was zo in de war dat hij per ongeluk zijn waterglas omstootte. Tot overmaat van ramp ontdekte hij bij terugkomst in zijn kantoor dat iemand zijn lunch uit de **koelkast** had gestolen. Dit alles maakte Slavoj erg chagrijnig. Toen een van zijn collega's in de gang een gesprek met hem probeerde aan te knopen, snauwde Slavoj hem af en zei dat hij hem met rust moest laten. Dit maakte het alleen maar erger, want nu voelde Slavoj zich schuldig omdat hij zo **onbeleefd was**. Hij besloot een rondje over de campus te lopen om zijn hoofd leeg te maken voordat hij weer aan het werk zou gaan met het nakijken van zijn werkstukken. Terwijl Slavoj liep, probeerde hij diep adem te halen en zichzelf te kalmeren.

Hij had echter niet veel **geluk** en voelde zich nog steeds behoorlijk boos toen hij een hoek omging en tegen iemand opbotste. De persoon verontschuldigde

nas, ali vam lahko zastavimo vprašanje. " Slavoj je globoko zavzdihnil, vendar se je ustavil in se obrnil proti **študentom**. "Za kaj gre?" je nestrpno vprašal. No, zanimalo nas je, ali nam lahko poveste svoje mnenje o **kapitalizmu**. Slavojov obraz se je ob tem vprašanju nekoliko omehčal. To je bilo nekaj, na kar bi vsekakor lahko odgovoril.

"Mislim," je začel, "da je kapitalizem **gospodarski** sistem, ki ustvarja več težav, kot jih rešuje." Učenci so nestrpno prikimavali in čakali na vsako njegovo besedo. Slavoj se je ogrel za svojo temo in začel govoriti z večjo strastjo. "Pripelje do stvari, kot sta dohodkovna neenakost in izkoriščanje **delavcev**. Povzroča tudi uničevanje okolja. " Učenci so bili navdušeni in ko je Slavoj končal govor, so vsi zaploskali. Najprej je bil presenečen, nato pa se je nasmehnil, se rahlo priklonil in nadaljeval svojo pot. Med hojo je ugotovil, da njegov dan morda vendarle ni bil tako slab. Ko se je Slavoj vrnil v pisarno, je ugotovil, da se je njegovo razpoloženje **močno** izboljšalo.

zich, maar Slavoj liep gewoon langs hem heen zonder te kijken. Hij was zo in **gedachten verzonken** dat hij de groep leerlingen niet eens opmerkte tot ze vlak voor hem stonden. Ze blokkeerden zijn pad, en een van hen sprak. "Neem me niet kwalijk, professor Žižek? We vroegen ons af of we u een vraag mochten stellen. "Slavoj zuchtte diep, maar stopte en draaide zich om naar de **studenten**. "Wat is er?" vroeg hij ongeduldig. Nou, we vroegen ons af of u ons uw mening over **het kapitalisme kon vertellen**. Slavoj's gezicht verzachtte een beetje bij de vraag. Dit was iets dat hij zeker kon beantwoorden.

"Nou," begon hij, "ik denk dat kapitalisme een **economisch** systeem is dat meer problemen creëert dan oplost." De leerlingen knikten gretig en hingen aan elk woord van hem. Slavoj warmde zich op voor zijn onderwerp en begon met meer passie te spreken. "Het leidt tot zaken als inkomensongelijkheid en de uitbuiting van **arbeiders**. Het is ook verantwoordelijk voor de vernietiging van het milieu. "De leerlingen waren verrukt van aandacht en toen Slavoj klaar was met spreken, barstten ze allemaal in applaus uit. Hij was eerst verbaasd, maar glimlachte toen en boog lichtjes alvorens zijn weg te vervolgen. Terwijl hij liep, besefte hij dat zijn dag misschien toch niet zo slecht was. Toen Slavoj terugkwam in zijn kantoor, merkte hij dat zijn stemming **aanzienlijk** was verbeterd.

Vprašanja za razumevanje

1. Zaradi česa je bil dan Slavoja Žižka grozen?

2. Kako se je Slavoj počutil, ko je naletel na skupino učencev?

3. Kaj so učenci želeli vprašati Slavoja?

4. Kakšno je Slavojovo mnenje o kapitalizmu?

5. Kako se je spremenilo Slavojovo razpoloženje po srečanju z učenci?

6. Zakaj je Slavojov sodelavec skušal navezati pogovor z njim?

7. Kaj je Slavoj naredil, ko se je vrnil v pisarno?

8. Kako se je Slavoj odzval, ko so učenci začeli ploskati?

9. Kje je bil Slavoj, ko se je srečal s študenti?]

10. Kakšen je bil Slavojov načrt, ko je drugič zapustil pisarno?

Begrip vragen

1. Wat maakte Slavoj Žižek's dag verschrikkelijk?

2. Hoe voelde Slavoj zich toen hij de groep studenten tegenkwam?

3. Wat wilden de leerlingen aan Slavoj vragen?

4. Wat is Slavoj's mening over kapitalisme?

5. Hoe veranderde Slavoj's stemming na zijn ontmoeting met de leerlingen?

6. Waarom probeerde Slavoj's collega een gesprek met hem aan te knopen?

7. Wat deed Slavoj toen hij terugkwam op zijn kantoor?

8. Wat was Slavoj's reactie toen de leerlingen begonnen te applaudisseren?

9. Waar was Slavoj toen hij zijn ontmoeting met de studenten had?

10. Wat was Slavoj van plan toen hij zijn kantoor voor de tweede keer verliet?

Solkanski most

Solkanski most je bil zgrajen v začetku 19. stoletja in se razteza čez Jadransko morje. Je eden najbolj znanih mostov na Hrvaškem in priljubljena **turistična** destinacija. Na topel poletni dan sta se mlada zaljubljenca, Janez in Marija, odločila, da se sprehodita po mostu. Držala sta se za roke in uživala v razgledu, ko sta nenadoma zaslišala klic na pomoč. Ozrla sta se in zagledala moškega, ki **se je v** vodi pod mostom **trudil** ostati na površju. John je brez premisleka skočil v vodo, da bi ga rešil. John je bil odličen plavalec in je hitro dosegel moškega, ki je v paniki omahoval. Prijel ga je in začel plavati nazaj proti mostu, kjer ga je **zaskrbljeno** čakala Mary. Vendar je na pol poti ugotovil, da je moški pretežak, da bi ga lahko nosil sam, zato je zaklical na Marijo, naj mu priskoči na **pomoč.**

Najprej je oklevala, nato pa se je brez pomislekov in strahu potopila v **vodo.** Po čudežu jima je obema uspelo varno priti nazaj na obalo z neznancem med njima. Takoj ko sta stopila na suho **kopno,** sta od izčrpanosti padla. Takrat se je že zbrala množica ljudi in nekdo je poklical **reševalno vozilo.** Reševalci so prevzeli reševalno službo, vendar ne prej, preden se je John uspel ustrezno predstaviti svojemu pogumnemu rešitelju, ki mu je bilo ime Marko. John in Marko sta se

Solkan Brug

De Solkan-brug is gebouwd in het begin van de jaren 1800 en overspant de Adriatische Zee. Het is een van de beroemdste bruggen in Kroatië en een populaire **toeristische** bestemming. Op een warme zomerdag besloten twee jonge geliefden, John en Mary, een wandeling over de brug te maken. Ze hielden elkaars hand vast en genoten van het uitzicht toen ze plotseling iemand om hulp hoorden roepen. Ze keken om en zagen een man **die worstelde** om te blijven drijven in het water beneden. Zonder twee keer na te denken sprong John in het water om hem te redden. John was een uitstekende zwemmer en bereikte snel de man die in paniek rondzwalkte. Hij greep hem vast en begon terug te zwemmen naar de brug waar Mary **angstig** zat te wachten. Halverwege realiseerde hij zich echter dat de man te zwaar was om alleen te dragen, dus riep hij naar Mary om hem te komen **helpen**.

Eerst aarzelde ze, maar toen dook ze zonder aarzelen of angst in het **water**. Door een wonder slaagden ze er beiden in veilig terug te keren naar de kust met de vreemdeling tussen hen in. Zodra ze voet aan **land hadden gezet**, stortten ze van uitputting in elkaar. Een menigte had zich inmiddels verzameld, en iemand riep om een **ambulance**. De ambulancebroeders namen

po tistem **usodnem** dnevu nekaj časa sestajala, vendar to ni trajalo dolgo.

Šla sta **vsak svojo** pot, vendar jima je spomin na ta dan ostal za vedno. Marko se je kmalu zatem preselil v Ameriko in postal **uspešen** poslovnež. Nikoli ni pozabil ljudi, ki sta mu rešila življenje, in pogosto je razmišljal o tem, kaj bi se lahko zgodilo, če ju tistega dne ne bi bilo tam. Vsako leto na obletnico dneva, ko sta Marku rešila življenje, sta se John in Mary srečala na Solkanskem mostu in **se spominjala** tistega usodnega dne. Pogosto sta se spraševala, kaj bi se lahko zgodilo, če ju ne bi bilo tam, a na koncu sta bila vesela, da se je na koncu **vse** dobro izteklo.

het van hen over, maar niet voordat John de tijd had om zich netjes voor te stellen aan zijn dappere redder, die Marko bleek te heten. John en Mary kregen na die **noodlottige** dag nog een tijdje verkering, maar het hield niet lang stand.

Ze gingen ieder hun **eigen** weg, maar de herinnering aan die dag is hen altijd bijgebleven. Marko verhuisde kort daarna naar Amerika en werd een **succesvol** zakenman. Hij vergat nooit de twee mensen die zijn leven hadden gered en dacht vaak aan wat er gebeurd zou zijn als zij er die dag niet waren geweest. Elk jaar op de verjaardag van de dag dat ze Marko's leven hadden gered, ontmoetten John en Mary elkaar bij de Solkanbrug om herinneringen op **te halen** aan die noodlottige dag. Ze vroegen zich vaak af wat er gebeurd zou zijn als zij er niet waren geweest, maar uiteindelijk waren ze gewoon blij dat **alles uiteindelijk** goed was gekomen.

Vprašanja za razumevanje

1. Kako se imenuje most?

2. Kdaj je bil most zgrajen?

3. Kaj obsega most?

4. Kakšen je vzdevek mostu?

5. Kakšno je vreme na dan zgodbe?

6. Kaj sta delala Janez in Marija, ko sta slišala, da nekdo kriči?

7. Kdo je skočil v vodo?

8. Kdaj je Marija skočila v vodo?

9. Kako sta se počutila Janez in Marija, ko sta se vrnila na obalo?

10. Kaj se je po zgodbi zgodilo z Markom?

Begrip vragen

1. Wat is de naam van de brug?

2. Wanneer is de brug gebouwd?

3. Wat overspant de brug?

4. Wat is de bijnaam van de brug?

5. Wat voor weer is het op de dag van het verhaal?

6. Wat waren Johannes en Maria aan het doen toen ze iemand hoorden roepen?

7. Wie sprong er in het water?

8. Wanneer sprong Maria in het water?

9. Hoe voelden Johannes en Maria zich toen ze weer aan land waren?

10. Wat gebeurde er met Marko na het verhaal?

Postrv

Reka je bila hladna, postrvi pa so **grizle**. Bil je popoln dan za ribolov. Postrvi obožujejo hladno vodo, zato hladnejša kot je, bolje grizejo. Že več ur sem bil na vodi, vendar nisem ujel še ničesar. Začel sem biti **razočaran**. Morda ta dan vendarle ne bo tako popoln. Ravno ko sem nameraval obupati, sem začutil poteg za vrvico. Končno! Privlekel sem svoj ulov in občudoval **čudovito** ribo, preden sem jo vrgel nazaj v vodo. Bilo je že pozno, vendar nisem hotel oditi. Končno sem ujel postrv in odločen sem bil, da bom ujel še eno. Sonce je zahajalo, a hladen zrak mi je bil prijeten na obrazu. Ponovno sem vrgel vrvico in **potrpežljivo** čakal.

Nenadoma sem začutil še en poteg in še preden sem se zavedel, sem dobil še eno postrv! Ta je bila še večja od prve. Smejal sem se, ko sem jo vlekel in se počutil **zmagoslavno**. Morda ta dan vendarle ni bil tako slab. Ob sončnem zahodu sem se končno odločil, da spakiram in se odpravim domov. Bilo mi je hladno, bil pa sem tudi utrujen in lačen. Ujel sem dve postrvi in to mi je bilo dovolj. Domov sem se vrnil z **vzmetjo v** koraku, srečen in zadovoljen. Morda dan ni bil popoln, kot sem sprva mislil, da bo, vendar se je na koncu izkazal za precej dobrega. Ko sem vstopil skozi **vrata,** me je žena pozdravila z nasmehom. "Kakšen je bil tvoj

Forel

De rivier was koud en de forel was **aan het bijten**. Het was een perfecte dag om te vissen. Forel houdt van koud water, dus hoe kouder het is, hoe beter ze bijten. Ik was er al uren, maar ik had nog niets gevangen. Ik begon **gefrustreerd te** raken. Misschien zou dit toch niet zo'n perfecte dag worden. Net toen ik het wilde opgeven, voelde ik een ruk aan mijn lijn. Eindelijk! Ik haalde mijn vangst binnen en bewonderde de **mooie** vis voor ik hem terug in het water gooide. Het werd al laat, maar ik wilde nog niet weg. Ik had eindelijk een forel gevangen, en ik was vastbesloten om er nog een te vangen. De zon ging onder, maar de koude lucht voelde goed op mijn gezicht. Ik wierp mijn lijn weer uit en wachtte **geduldig**.

Plotseling voelde ik weer een ruk en voor ik het wist, had ik weer een forel aan de haak geslagen! Deze was nog groter dan de eerste. Ik lachte toen ik hem binnenhaalde en voelde me **triomfantelijk**. Misschien was dit toch niet zo'n slechte dag. Toen de zon onderging, besloot ik eindelijk in te pakken en naar huis te gaan. Ik had het koud, maar ik was ook moe en hongerig. Ik had twee forellen gevangen, en dat was genoeg voor mij. Ik liep naar huis met een **veer** in mijn stap, voelde me gelukkig en voldaan.

dan, dragi?" je vprašala. "Bil je dober," sem odgovoril. "Ujel sem dve postrvi." Zasmejala se je in zmajala z **glavo**. "To je moj mož, ribič."

Naslednji dan sem se zgodaj zbudil in se odpravil nazaj k **reki**. Bil sem odločen, da bom ujel še več postrvi. Sijalo je sonce in voda je bila videti vabljiva. Vrgel sem vrvico in potrpežljivo čakal. **Kmalu** sem spet začutil, kako me je potegnilo za vrvico. Še ena postrv! Ta je bila še večja od prejšnjih dveh. Z veseljem sem se zasmejal, ko sem jo **navijal.** Popolna! Ta dan se je vendarle izkazal za popolnega. Do konca tedna sem se vsak dan vračal k reki. In vsak dan sem ujel več postrvi. Nekatere dni sem ujel dve, druge dni tri ali štiri. Toda ne glede na to, koliko sem jih ujel, je bil dan vedno **popoln.**

Het was misschien niet de perfecte dag die ik me had voorgesteld, maar hij was toch nog best goed geweest. Toen ik de **deur** binnenliep, begroette mijn vrouw me met een glimlach. "Hoe was je dag, schat?" vroeg ze. "Het was goed," antwoordde ik. "Ik heb twee forellen gevangen." Ze lachte en schudde haar **hoofd**. "Dat is mijn man, de visser."

De volgende dag stond ik vroeg op en ging terug naar de **rivier**. Ik was vastbesloten om meer forel te vangen. De zon scheen en het water zag er uitnodigend uit. Ik wierp mijn lijn uit en wachtte geduldig. Het duurde niet **lang** of ik voelde weer een ruk aan mijn lijn. Weer een forel! Deze was nog groter dan de vorige twee. Ik lachte van genot toen ik hem binnenhaalde. Perfectie! Dit bleek toch een perfecte dag te worden. De rest van de week, ging ik elke dag terug naar de rivier. En elke dag ving ik meer forellen. Sommige dagen ving ik er twee, andere dagen drie of vier. Maar hoeveel ik er ook ving, het voelde altijd als een **perfecte** dag.

Vprašanja za razumevanje

1. Kaj avtor pravi o postrvih?

2. Kako se avtor počuti, ko ne ujame nobene postrvi?

3. Zakaj avtor meni, da ta dan morda ne bo popoln?

4. Kaj se zgodi, ko avtor končno ujame postrv?

5. Kako se avtor počuti, ko ujameta drugo postrv?

6. Zakaj se avtor odloči, da gre domov?

7. Kaj mu reče avtorjeva žena, ko pride domov?

8. Kako se avtor počuti naslednji dan?

9. Kaj se dogaja v preostanku tedna?

10. Zakaj avtor pravi, da je vsak dan popoln dan?

Begrip vragen

1. Wat zegt de auteur over forel?

2. Hoe voelt de schrijver zich als hij geen forel heeft gevangen?

3. Waarom denkt de auteur dat deze dag misschien niet perfect zal zijn?

4. Wat gebeurt er als de schrijver eindelijk een forel vangt?

5. Hoe voelt de auteur zich als ze hun tweede forel vangen?

6. Waarom besluit de auteur naar huis te gaan?

7. Wat zegt de vrouw van de schrijver tegen hem als hij thuiskomt?

8. Hoe voelt de auteur zich de volgende dag?

9. Wat gebeurt er tijdens de rest van de week?

10. Waarom zegt de auteur dat elke dag aanvoelt als een perfecte dag?

Na plaži

Po sončnem vzhodu so valovi glasnejši in pesek nad plimo je bel. Sprehodim se do plaže in **občudujem** morje in sonce. S prsti na nogah čutim žlebove školjk. Pesek je hladen na mojih prstih. Nasmehnem se in grem naprej. Plima je visoka, zato moram biti previden, da me ne potegne v morje. Hodim ob robu vode in občudujem morje. Sončni vzhod je **čudovit in** valovi se razbijajo. Počutim se tako mirno. Pridem do kraja, kjer je skalni osamelec. Usedem se in opazujem valove. Voda je tako modra in nebo tako **oranžno**. Počutim se, kot da sem v sanjah. Zaprem oči in poslušam valove. Dolgo sem sedela tam, dokler nisem zaslišala, da me nekdo kliče po imenu.

Odprem oči in zagledam mamo, ki mi hodi naproti. Na obrazu ima zaskrbljen pogled. Nasmehnem se in ji pomaham, ona pa **se sprosti**. "Spraševala sem se, kam si šla," reče. "Vesela sem, da uživaš na plaži." Odgovorim: "Uživam." "Tukaj je tako lepo." "Vem," reče. "Ko sem bila tvojih let, sem ves čas hodila sem." "Res?" Vprašam. "Ja," odgovori. "To je poseben kraj." "Si tu kdaj srečala koga posebnega?" Vprašam ga. "Ja," odgovori z nasmehom. "Tvojega očeta." "Res?" **Presenečeno** rečem. "Da," reče. "Ves čas sva hodila sem skupaj. Tu sva se zaljubila. " Nasmehnem se in

Op het strand

Na zonsopgang zijn de golven luider en het zand boven de vloed is wit. Ik loop naar het strand en **bewonder** de zee en de zon. Mijn tenen voelen de groeven van schelpen. Het zand is koud aan mijn tenen. Ik glimlach en loop door. Het is vloed, dus ik moet oppassen dat ik er niet in word getrokken. Ik loop langs de waterkant en bewonder de zee. De zonsopgang is **prachtig**, en de golven beuken. Ik voel me zo vredig. Ik kom op een plek waar een rots uitsteekt. Ik ga zitten en kijk naar de golven. Het water is zo blauw en de lucht is zo **oranje**. Ik voel me alsof ik in een droom ben. Ik sluit mijn ogen en luister alleen maar naar de golven. Ik zat daar een hele tijd, tot ik iemand mijn naam hoorde roepen.

Ik open mijn ogen en zie mijn moeder naar me toe lopen. Ze heeft een bezorgde blik op haar gezicht. Ik glimlach en zwaai, en ze **ontspant zich**. "Ik vroeg me al af waar je was," zegt ze. "Ik ben blij dat je van het strand geniet." Ik antwoord: "Dat doe ik." "Het is hier zo mooi." "Ik weet het," zegt ze. "Ik kwam hier altijd toen ik zo oud was als jij." "Echt waar?" Vraag ik. "Ja," antwoordt ze. "Het is een speciale plek." "Heb je hier ooit een speciaal iemand ontmoet?" Vraag ik. "Ik wel," antwoordt ze met een glimlach. "Je vader." "Echt waar?" Zeg ik, **verbaasd**. "Ja," zegt ze. "We kwamen hier altijd

si predstavljam, kako sta se moja starša zaljubila na tej čudoviti plaži. "To je poseben kraj," ponovi. "Vesela sem, da si danes prišel sem."

Še nekaj časa sedimo tam in **opazujemo** valove in sončni zahod. Nato vstanemo in se vrnemo k svojim brisačam na plaži. Ležim in gledam zvezde. Počutim se tako srečno in zadovoljno. Valovi so zdaj glasnejši in pesek je hladen. Sonce zahaja in piha hladen vetrič. Valovi se razbijajo ob obalo in v zraku je čutiti vonj po soli. To je popoln večer za na plaži. Sprehajam se ob obali, **poslušam** šumenje valov in opazujem sončni zahod. Vidim skupino ljudi, ki sedijo na pesku, se smejijo in šalijo. Videti je, kot da se odlično zabavajo. Pristopim do njih in jih vprašam, ali se jim lahko pridružim. Odgovorijo pritrdilno in preostanek večera se pogovarjamo, smejimo in opazujemo **sončni zahod**. To je popoln večer. S skupino se pogovarjamo, dokler sonce ne zaide. Izmenjujemo si zgodbe in šale ter se vsi odlično zabavamo. Ko se začne spuščati noč, se vsi začnemo počutiti utrujene. Poljubimo se v **slovo** in se razidemo. Vračam se v hotel in se počutim srečno in zadovoljno. Ne morem verjeti, kako lepo je tukaj. Tako srečna sem, da sem to **doživela.**

samen. Het is waar we verliefd werden. " Ik glimlach en **stel me voor hoe** mijn ouders verliefd werden op dit prachtige strand. "Het is een speciale plek," herhaalt ze. "Ik ben blij dat je hier vandaag bent."

We zitten daar nog een tijdje, **kijken naar** de golven en de zonsondergang. Dan staan we op en lopen terug naar onze strandhanddoeken. Ik ga liggen en kijk naar de sterren. Ik voel me zo gelukkig en tevreden. De golven zijn nu luider, en het zand is koud. De zon gaat onder en er waait een koel briesje. De golven beuken tegen de kust, en de geur van zout hangt in de lucht. Het is een perfecte avond om op het strand te zijn. Ik loop langs het strand, **luister** naar het geluid van de golven en kijk naar de zonsondergang. Ik zie een groep mensen op het zand zitten, lachend en grapjes makend. Ze zien eruit alsof ze het naar hun zin hebben. Ik loop naar ze toe en vraag of ik erbij mag komen zitten. Ze zeggen ja, en we brengen de rest van de avond door met praten, lachen en kijken naar de **zonsondergang**. Het is een perfecte avond. De groep en ik praten tot de zon ondergaat. We delen verhalen en grappen, en we hebben allemaal een geweldige tijd. Als de avond begint te vallen, beginnen we allemaal moe te worden. We kussen elkaar **vaarwel** en gaan uit elkaar. Ik loop terug naar mijn hotel en voel me gelukkig en tevreden. Ik kan niet geloven hoe mooi het hier is. Ik ben zo gelukkig dat ik het heb mogen **meemaken**.

Vprašanja za razumevanje

1. Kam gre pripovedovalka, ko se zbudi?

2. Kaj pripovedovalka občuduje, ko se sprehaja po plaži?

3. Na kaj mora biti pripovedovalka pozorna, ko hodi po plaži?

4. Kje se pripovedovalec usede, da bi užival v razgledu?

5. Kako dolgo pripovedovalec sedi tam?

6. Koga vidi pripovedovalka, ko ponovno odpre oči?

7. Kaj reče pripovedovalčeva mati?

8. O čem se pripovedovalka in ljudje, ki jih sreča, pogovarjajo?

Begrip vragen

1. Waar gaat de vertelster heen nadat ze wakker is geworden?

2. Wat bewondert de vertelster als ze langs het strand loopt?

3. Waar moet de vertelster op letten als ze langs het strand loopt?

4. Waar gaat de verteller zitten om van het uitzicht te genieten?

5. Hoe lang blijft de verteller daar zitten?

6. Wie ziet de verteller als ze haar ogen weer opent?

7. Wat zegt de moeder van de verteller?

8. Waar praten de verteller en de mensen die ze ontmoet over?

Kampiranje ob jezeru

Hodim proti jezeru in **občudujem** mirnost prizora. Sonce sija nad majhnim jezerom, zaradi česar je voda videti kot steklo. Edino gibanje je občasno valovanje ribe, ki **razbije** gladino. Zdi se, da si celo ptice oddahnejo od vročine, saj je v zraku slišati le zvok cikad. **Nenadoma** mir prekine glasen pljusk. Iz vode skoči velika **riba in** poskuša ujeti zmajčka. Riba zgreši cilj in s pljuskanjem pade nazaj v vodo. "Vau," si mislim, "to je bila velika riba!" Ozrl sem se naokoli, da bi videl, ali jo je videl še kdo, vendar ni bilo nikogar. Mislim, da jim bom moral povedati, ko se bom vrnil v tabor.

Vročina je **utesnjujoča,** zato težko dihate. Zrak je gost in težak, kot odeja, ki se ovije okoli vas. Edino olajšanje je voda. Ta je hladna in osvežilna, kot hladen napitek na vroč dan. Globoko vdihnem in se potopim v vodo. Ko me obkroži hladna voda, takoj začutim olajšanje. Plavam do dna in nato nazaj na površje ter čutim, kako voda hladi moje telo. Nadaljujem s **plavanjem v** krogih in uživam v oddihu od vročine. Čez nekaj časa izstopim iz vode in se uležem na travo, da mi sonce posuši telo. Zaprem oči in zaspim, zvok **cikad** me zaziblje v globok spanec. Pustim, da sonce iz moje kože izžge

Kamperen aan het meer

Ik loop naar het meer en **bewonder** de vredigheid van het tafereel. De zon schijnt op het meertje, waardoor het water een glazen plaat lijkt. De enige beweging is af en toe een rimpeling van een vis **die** het wateroppervlak breekt. Zelfs de vogels lijken een pauze te nemen van de hitte, met alleen het geluid van cicaden die de lucht vullen. **Plotseling** wordt de rust verbroken door een luide plons. Een grote **vis** is uit het water gesprongen, in een poging een libel te vangen. De vis mist zijn doel en valt met een plons terug in het water. "Wow," denk ik bij mezelf, "dat was een grote vis!." Ik keek om me heen om te zien of iemand anders hem had gezien, maar er was niemand in de buurt. Ik denk dat ik het ze zal moeten vertellen als ik terug ben in het kamp.

De hitte is **drukkend**, waardoor het moeilijk is om te ademen. De lucht is dik en zwaar, als een deken om je heen gewikkeld. De enige verlichting is in het water. Het is koel en verfrissend, als een koud drankje op een warme dag. Ik haal diep adem en duik in het water. De opluchting is onmiddellijk als het koele water me omringt. Ik zwem naar de bodem en dan weer naar de oppervlakte, terwijl ik voel hoe het water mijn lichaam

vodo. Čutim, da moja koža postaja rdeča, vendar mi je vseeno. Preveč mi je vroče, da bi mi bilo vseeno. Naslednje, kar vem, je, da sonce zahaja. Nebo je prekrasno oranžno, z rožnatimi in vijoličastimi progami. Vročine ni več, zamenja jo hladen **vetrič**.

Vstanem in se oblečem, počutim se sveže in pomlajeno. Globoko **vdihnem** hladen zrak in se nasmehnem. Dobro se počutim, da sem živa. Vrnem se v kamp in občudujem, kako barve plešejo na nebu. V daljavi vidim goreče ognjišče in v zraku začutim vonj po dimu. Nasmehnem se in **pospešim** korak. Pripravljen sem se sprostiti in uživati v preostanku večera. Vstopim v kamp in vidim, da so vsi zbrani okoli ognja. **Smejijo se** in šalijo, v njihovih očeh pa se zrcali ogenj. Nasmehnem se in se usedem poleg svojih prijateljev. Lepo je biti nazaj. Naslednje jutro se zbudim zgodaj in začnem pakirati svoje stvari. Komaj čakam, da se vrnem na pot in nadaljujem svoje potovanje. Poslovim se od prijateljev in začnem odhajati. Med hojo si še zadnjič ogledam **kamp**.

afkoelt. Ik blijf baantjes trekken en geniet van de afkoeling van de hitte. Na een tijdje kom ik uit het water en ga op het gras liggen, zodat de zon mijn lichaam kan drogen. Ik sluit mijn ogen en val in slaap, het geluid van de **cicaden** brengt me in een diepe slaap. Ik laat de zon het water uit mijn huid bakken. Ik voel dat mijn huid rood wordt, maar dat kan me niet schelen. Ik heb het te warm om me zorgen te maken. Het volgende dat ik weet, is dat de zon ondergaat. De lucht is prachtig oranje, met roze en paarse strepen. De hitte is weg, vervangen door een koel **briesje**.

Ik sta op en trek mijn kleren weer aan. Ik voel me verfrist en verjongd. Ik haal diep **adem** uit de koele lucht en glimlach. Het voelt goed om te leven. Ik loop terug naar de camping en bewonder de manier waarop de kleuren in de lucht dansen. In de verte zie ik het kampvuur branden, en ik ruik de rook in de lucht. Ik glimlach en **versnel** mijn pas. Ik ben klaar om te ontspannen en te genieten van de rest van mijn avond. Ik loop de camping op en zie dat iedereen rond het vuur zit. Ze **lachen** en maken grapjes, en ik kan het vuur in hun ogen zien weerkaatsen. Ik glimlach en ga naast mijn vrienden zitten. Het is goed om terug te zijn. De volgende ochtend sta ik vroeg op en begin mijn spullen in te pakken. Ik sta te popelen om weer op pad te gaan en mijn reis voort te zetten. Ik neem afscheid van mijn vrienden en begin weg te lopen. Terwijl ik loop, werp ik nog een laatste blik op de **camping**.

Vprašanja za razumevanje

1. Kam gre sprehajalec?

2. Kakšno je vreme?

3. Kako je videti voda?

4. Kako se sprehajalec odziva na vročino?

5. Kaj počne riba?

6. Zakaj je sprehajalec sam?

7. Kakšen je občutek vode?

8. Kako se sprehajalec počuti po plavanju?

9. Ob kateri uri dneva se sprehajalec zbudi?

10. Kam gre sprehajalec, ko zapusti taborišče?

Begrip vragen

1. Waar gaat de wandelaar heen?

2. Wat voor weer is het?

3. Hoe ziet het water eruit?

4. Hoe reageert de wandelaar op de hitte?

5. Wat doet de vis?

6. Waarom is de wandelaar alleen?

7. Hoe voelt het water aan?

8. Hoe voelt de wandelaar zich na het zwemmen?

9. Hoe laat is het als de wandelaar wakker wordt?

10. Waar gaat de wandelaar heen als hij het kamp verlaat?

Hiša

Prejšnji teden sem se preselila v svojo novo hišo in zelo sem **navdušena**! Je veliko večja od moje stare in ima veliko dvorišče. Komaj čakam, da bodo prijatelji prišli k meni na žar in zabave. **Najraje imam** svojo novo spalnico. Tako velika in svetla je in imam veliko prostora, kamor lahko pospravim vse svoje stvari. S svojo novo hišo sem zelo zadovoljna in mislim, da bom tukaj zelo srečna. Odločil sem se, da bom hišo še malo raziskal. Šel sem v drugo nadstropje in se odpravil v kuhinjo, ko sem na steni zagledal velikega črnega pajka! Zakričala sem in stekla po stopnicah navzdol. Bila sem tako **prestrašena**! Po nekaj minutah sem se pomiril in se odločil, da se vrnem v zgornje nadstropje. Počasi sem prišel do kuhinje in videl, da pajka ni več. Tako sem si oddahnila! Vrnil sem se po stopnicah in se odločil, da grem ven in raziščem **dvorišče**. Bil je tako velik! Nisem mogel verjeti. V kotu sem videl gugalnico in tobogan. Videl sem tudi košarkarsko mrežo in **trampolin**. Bil sem tako navdušen!

Komaj čakam, da uporabim vse te nove stvari. **Sosedje** so prišli in se predstavili. Zdelo se mi je, da so zelo prijazni, in nekaj časa smo se pogovarjali. Povabila sta me na njihov BBQ prihodnji konec tedna in rekel sem, da bi z veseljem prišel. Prvi teden v novi hiši je bil odličen in navdušena sem nad vsemi novimi

Het Huis

Ik ben vorige week in mijn nieuwe huis getrokken, en ik ben zo **opgewonden**! Het is zoveel groter dan mijn oude, en het heeft een grote achtertuin. Ik kan niet wachten om vrienden uit te nodigen voor BBQ's en feestjes. Mijn **favoriete** deel is mijn nieuwe slaapkamer. Hij is zo groot en licht, en ik heb veel ruimte om al mijn spullen op te bergen. Ik ben echt blij met mijn nieuwe huis en ik denk dat ik hier heel gelukkig zal zijn. Ik besloot om het huis nog wat verder te verkennen. Ik ging naar boven naar de tweede verdieping en ging op weg naar de keuken toen ik een grote zwarte spin op de muur zag! Ik gilde en rende naar beneden. Ik was zo **bang**! Maar na een paar minuten was ik gekalmeerd en besloot ik terug naar boven te gaan. Ik ging langzaam naar de keuken en zag dat de spin weg was. Ik was zo opgelucht! Ik ging terug naar beneden en besloot naar buiten te gaan om de **achtertuin te verkennen**. Hij was zo groot! Ik kon het niet geloven. Ik zag een schommel in de hoek en een glijbaan. Ik zag ook een basketbalnet en een **trampoline**. Ik was zo opgewonden!

Ik kan niet wachten om al deze nieuwe spullen te gebruiken. De **buren** kwamen langs en stelden zich voor. Ze leken erg aardig, en we hebben een tijdje gepraat. Ze nodigden me uit voor hun BBQ volgend weekend, en ik zei dat ik graag zou komen. Ik had een

dogodivščinami, ki so pred mano. Danes bom spet raziskoval na dvorišču in videl, kaj še lahko najdem. Kdo ve, morda bom našla celo kakšen **zaklad**. Komaj čakam, da vidim, kaj bo prinesel naslednji teden! Naslednji teden sem spet raziskoval na dvorišču in našel **skrivni** vrt. Bil je tako čudovit! Povsod so bile rože in majhen ribnik z ribami. Videl sem tudi gugalnico, ki je še nisem videl. Bil sem tako navdušen nad tem skrivnim vrtom in komaj čakam, da ga bom še raziskal. Bilo je tako **lepo**!

Povsod so bile rože in ribnik z ribami. Videl sem tudi gugalnico, ki je še nisem videl. Bil sem tako navdušen nad tem skrivnim vrtom in komaj čakam, da ga bom še bolj raziskal. Všeč mi je bila tudi moja nova soba. Bila je tako velika in svetla, na stenah pa so bili že plakati mojih najljubših glasbenih skupin. Sploh mi ni bilo treba prinesti svojega **pohištva,** saj so bili tu že postelja, komoda in pisalna miza. To bo najboljše leto doslej! Malo sem bila nervozna zaradi začetka nove **šole,** vendar so bili vsi moji novi sosedje zelo prijazni. Spoznala sem celo dekle, ki živi v sosednji hiši, in pravi, da bo prvi dan hodila z mano v šolo.

geweldige eerste week in mijn nieuwe huis, en ik ben opgewonden over alle nieuwe avonturen die in het verschiet liggen. Vandaag ga ik weer op verkenning in de achtertuin en kijken wat ik nog meer kan vinden. Wie weet, misschien vind ik wel een **schat**. Ik kan niet wachten om te zien wat de volgende week brengt!
De volgende week ging ik weer op verkenning in de achtertuin, en ik vond een **geheime** tuin. Het was zo mooi! Er waren overal bloemen en een kleine vijver met vissen erin. Ik zag ook een schommel die ik nog niet eerder had gezien. Ik was zo opgewonden toen ik deze geheime tuin vond, en ik kan niet wachten om hem verder te verkennen. Het was zo **mooi**!

Er waren overal bloemen en een kleine vijver met vissen erin. Ik zag ook een **schommel** die ik nog niet eerder had gezien. Ik was zo opgewonden toen ik deze geheime tuin vond, en ik kan niet wachten om hem verder te verkennen. Ik vond mijn nieuwe kamer ook geweldig. Hij was zo groot en licht, en er hingen al posters van mijn favoriete bands aan de muur. Ik hoefde niet eens mijn eigen **meubels** mee te nemen, want er stonden al een bed, een dressoir en een bureau. Dit wordt het beste jaar ooit! Ik was een beetje nerveus om op een nieuwe **school** te beginnen, maar al mijn nieuwe buren zijn zo vriendelijk. Ik heb zelfs een meisje ontmoet dat naast me woont, en ze zegt dat ze op mijn eerste dag met me naar school zal lopen.

Vprašanja za razumevanje

1. Kje oseba živi?

2. Kako je osebi všeč v novi hiši?

3. Kateri del nove hiše je osebi najljubši?

4. Kaj je oseba našla na vrtu?

5. Kdo so sosedje?

6. Kako se je oseba počutila prve dni v novi hiši?

7. Kateri del nove sobe je osebi najljubši?

8. Kaj namerava oseba storiti jutri?

9. Kaj je bil najboljši del prvega tedna v novi hiši?

10. Kaj vse je v novi sobi te osebe?

Begrip vragen

1. Waar woont de persoon?

2. Hoe vindt de persoon het in het nieuwe huis?

3. Wat is het favoriete deel van het nieuwe huis van de persoon?

4. Wat heeft de persoon in de tuin gevonden?

5. Wie zijn de buren?

6. Hoe voelde de persoon zich de eerste dagen in het nieuwe huis?

7. Wat is het favoriete deel van de nieuwe kamer van de persoon?

8. Wat is de persoon van plan morgen te doen?

9. Wat was het beste deel van de eerste week van de persoon in het nieuwe huis?

10. Wat is er allemaal in de nieuwe kamer van de persoon?

Na vlaku

Stekel sem na železniško postajo, a sem bil prepozen. Vlak je že odpeljal brez mene. Bila sem tako **jezna** in **razočarana nad** sabo. Z vlakom sem nameravala obiskati stare starše, ki živijo na podeželju, zdaj pa bom morala na naslednji vlak čakati celo uro. Odločil sem se, da se bom raje nekaj časa sprehajal po mestu in poskušal pozabiti na zamujeno priložnost. Med hojo sem začel **sanjariti o** vseh krajih, kamor te lahko odpelje **vlak.** Nenadoma nisem bil več tako razburjen. Vrnil sem se na postajo in ne morem si pomagati, da ne bi opazil velike rdeče, bele in modre lokomotive, ki si je utirala pot proti meni. Šele ko zagledam **sprevodnika, ki** mi maha z okna, se zavem, da je ta vlak namenjen meni. Vstopim na vlak, si poiščem sedež in se namestim za dolgo potovanje, ki se mi obeta.

Ko zapeljemo s postaje, se sprašujem, kam me bo peljal ta vlak. Čez zelena **polja** in modre reke, mimo gora in dolin, ne vem, kam bo peljal ta stari vlak. Ko začne padati noč, zaspim **miren** spanec, ki ga zaziblje **ritmično** premikanje vagonov na spodnjih tirih. Ko se zjutraj spet zbudim, odprem oči in ugotovim, da smo prispeli v majhno mestece nekje sredi ničesar. Sonce ravno pokuka čez obzorje, ko se domačini začnejo sprehajati po glavni ulici; tu je videti kot vsak drug dan,

In de trein

Ik rende naar het treinstation, maar ik was te laat.
De trein was al vertrokken zonder mij. Ik voelde me
zo **boos** en **teleurgesteld** in mezelf. Ik was van plan
om met de trein naar mijn grootouders te gaan die
op het platteland wonen, maar nu moest ik een heel
uur wachten op de volgende trein. Ik besloot in plaats
daarvan een eindje door de stad te lopen en probeerde
mijn gemiste kans te vergeten. Terwijl ik liep, begon
ik **te dagdromen** over alle plaatsen waar **treinen** je
kunnen brengen. Plotseling was ik niet meer zo van
streek. Ik liep terug naar het station en zag de grote
rood-wit-blauwe locomotief die op me af kwam rijden.
Pas als ik de **conducteur** vanuit het raam naar me zie
zwaaien, realiseer ik me dat deze trein voor mij is. Ik
stap in de trein en zoek een zitplaats. Ik ga zitten voor
wat een lange reis belooft te worden.

Terwijl we het station uitrijden, vraag ik me af waar deze
trein me heen zal brengen. Door groene **velden** en over
blauwe rivieren, langs bergen en valleien, het is niet
te zeggen waar deze oude trein heen zal gaan. Als de
nacht begint te vallen, drijf ik weg in een **vredige** slaap,
gewiegd door de **ritmische** beweging van de wagons
op de sporen beneden. Als het weer ochtend wordt,
open ik mijn ogen en zie dat we in een klein stadje

razen ene stvari - v bližini mestne hiše je velik napis “Dobrodošli na krovu!” Zdi se, da nas je to mestece pričakovalo, čeprav smo le navaden **potniški** vlak, ki se pelje skozi na poti drugam. Ko mesto spet pustimo za seboj in se peljemo kdo ve kam, se nasmehnem vsem prijaznim obrazom, ki nam v slovo mahajo iz hišic, stisnjenih med **kmetijska zemljišča -** res je neverjetno, kako lahko nekaj tako na videz običajnega prinese toliko veselja že samo s tem, da pelje mimo. In potem so tu seveda še **otroci**.

Nagnem se skozi okno svoje lokomotive. Vedno me razveselijo s svojimi sijočimi očmi in velikimi nasmeški. Energično jim pomaham nazaj, preden se vrnem v svojo **kabino** in se usedem. Dan je bil že tako dolg, vendar ga še ni konec; do našega končnega **cilja je** še nekaj ur. Izvlečem knjigo in začnem brati, da me ritmično zibanje vlaka zaziblje v mirno stanje. Tu in tam se ozrem na pokrajino, ki se razprostira zunaj - ne glede na to, kolikokrat jo vidim, se nikoli ne naveliča. Sčasoma se začne noč spuščati in v daljavi se začnejo pojavljati **utripajoče** luči; že smo blizu. Kmalu zapeljemo na postajo in se ustavimo.

ergens in niemandsland zijn aangekomen. De zon komt
net boven de horizon als de plaatselijke bevolking zich
in de hoofdstraat begint te mengen; het ziet er hier
uit als elke andere dag, behalve één ding - er hangt
een groot bord bij het stadhuis met de tekst "Welkom
aan boord!" Het lijkt erop dat dit stadje ons verwacht,
ook al zijn we maar een gewone passagierstrein op
doorreis naar elders. Terwijl we de stad weer achter
ons laten, op weg naar wie weet waar, glimlach ik om
al die vriendelijke gezichten die ons uitzwaaien vanuit
die kleine huisjes tussen **het boerenland -** het is echt
verbazingwekkend hoe iets dat zo gewoon lijkt, zoveel
vreugde kan brengen door er gewoon langs te rijden.
En dan, natuurlijk, zijn er de **kinderen**.

Ik leun uit het raam van mijn locomotief. Ze maken me
altijd zo blij met hun stralende ogen en grote grijnzen.
Ik zwaai energiek naar ze terug voordat ik terugga naar
mijn **cabine** en ga zitten. Het was al een lange dag,
maar hij is nog niet voorbij; het duurt nog een paar
uur voordat we onze **eindbestemming** bereiken. Ik
pak mijn boek en begin te lezen, terwijl het ritmische
schommelen van de trein me in een vredige toestand
brengt. Af en toe kijk ik op naar het landschap dat
buiten aan me voorbijtrekt - het verveelt nooit, hoe vaak
ik het ook zie. Uiteindelijk begint de nacht te vallen
en verschijnen er **twinkelende** lichtjes in de verte; we
komen nu in de buurt. Snel genoeg rijden we het station
binnen en komen tot stilstand.

Vprašanja za razumevanje

1. Kam pelje vlak?

2. Kdo potuje z vlakom?

3. Kdaj odpelje vlak?

4. Kako junak pride na vlak?

5. Od kod prihaja vlak?

6. Kam bo vlak odpeljal naslednjič?

7. Kdaj so prispeli potniki?

8. Kako se junak počuti, ko zamudi vlak?

9. Kako se odzove strojevodja, ko zagleda glavnega junaka?

10. Zakaj ima protagonist rad vlake?

Begrip vragen

1. Waar gaat de trein heen?

2. Wie reist er met de trein?

3. Wanneer vertrekt de trein?

4. Hoe komt de hoofdpersoon op de trein?

5. Waar komt de trein vandaan?

6. Waar gaat de trein nu heen?

7. Wanneer zijn de passagiers aangekomen?

8. Hoe voelt de hoofdpersoon zich als hij de trein mist?

9. Hoe reageert de treinmachinist als hij de hoofdpersoon ziet?

10. Waarom houdt de hoofdpersoon van treinen?

Kuhanje večerje

Ura je pet popoldne in grem iz službe domov. Veselim **se** mirnega večera doma s partnerjem. Skupaj bova pripravila večerjo in se nato do konca noči sprostila. Dobro se počutim, ko vem, da ta **večer** nimam nobenih načrtov ali obveznosti. Pridem domov in moj partner je že v kuhinji in začne pripravljati najino večerjo. Tu **neverjetno** diši! Med kuhanjem se pogovarjamo in si pripovedujemo o svojih dnevih ter delimo zgodbice iz najinega poklicnega življenja. Kuhinja je moj najljubši prostor v našem stanovanju. Rada kuham in še posebej rada kuham s svojim partnerjem. Vedno se imava tako lepo, ko se smejeva in šaliva, medtem ko kuhava. Poleg tega je hrana vedno **neverjetna,** ko delava **skupaj.**

Danes bomo pripravili enega mojih najljubših receptov: **piščanca** parmezana. Moj partner začne s stepanjem piščanca, jaz pa na **štedilniku** kuham omako. Delujeva skupaj kot dobro naoljen stroj in kmalu je večerja pripravljena za serviranje. Sedemo za našo majhno kuhinjsko mizo s **krožniki, na katerih so** piščanec parmezan, testenine in solata. Sklenemo kozarce in prvič ugriznemo - in to je **božansko!** Piščanec je zunaj hrustljav, znotraj pa sočen; omaka je aromatična in popolna; testenine so kuhane al dente ... vse je danes popolnoma popolnega okusa. Oba veva, da je bil to

Diner koken

Het is nu 5 uur 's middags en ik loop van mijn werk naar huis. Ik kijk **uit** naar een rustige avond thuis met mijn partner. We zullen samen eten koken en dan de rest van de avond ontspannen. Het voelt goed om te weten dat ik deze **avond** geen plannen of verplichtingen heb. Ik kom thuis en mijn partner is al in de keuken om ons eten klaar te maken. Het ruikt hier geweldig! We kletsen terwijl we koken, praten bij over elkaars dagen en delen kleine verhalen uit ons werkleven. De keuken is mijn favoriete kamer in ons appartement. Ik hou van koken, en vooral van koken met mijn partner. We hebben het hier altijd zo gezellig, we lachen en maken grapjes terwijl we koken. En het eten is altijd **heerlijk** als we **samenwerken**.

Vanavond maken we een van m'n lievelingsrecepten: Parmezaanse kip. Mijn partner begint met het paneren van de kip, terwijl ik de saus op het **fornuis** laat pruttelen. We werken samen als een goed geoliede machine en al snel is het eten klaar om op te dienen. We gaan aan onze kleine keukentafel zitten met **borden** vol met Parmezaanse kip, pasta en salade. We klinken op de glazen en nemen onze eerste hap, en het is **hemels**! De kip is knapperig van buiten maar sappig van binnen; de saus is smaakvol en perfect;

eden od tistih večerov, ko se je vse skupaj odlično sestavilo, ko sva **uživala v** vsakem grižljaju slastnega obroka. Okus je bil še boljši, kot je dišal - kar je bilo prekleto dobro! Obrok sva končala razmeroma hitro, saj danes nihče od naju ni bil posebej lačen, vendar sva si vzela čas in uživala še v nekaj **kozarcih** vina, medtem ko sva lahkotno klepetala o tej in oni temi. Po večerji skupaj hitro pospravimo in se nato preselimo v dnevno sobo, kjer **se** nekaj časa **objemamo** na kavču ob gledanju televizije.

Po dolgem **delovnem** dnevu, ki ga preživimo ločeno, je tako prijetno biti blizu drug drugemu. Počutim se zadovoljno. Čeprav nisva imela razgibanega večera, je bilo lepo preživeti nekaj časa skupaj, ne da bi morala zapustiti hišo. Ogledala sva si film in šla zgodaj spat, saj sva se počutila **zadovoljna z** najinim preprostim večerom. To je postala ena od **najinih najljubših** stvari, ki jih počneva ob večerih, ko ne želiva iti ven - preprosto se sprostiva doma in uživava v družbi drug drugega ob domačem obroku. Vedno je lepo vedeti, da se lahko po dolgem dnevu vrnemo sem in se prepustimo sebi.

de pasta is al dente gekookt... alles smaakt absoluut perfect vanavond. We weten allebei dat dit een van die avonden was waarop alles perfect samenkwam en we **genieten van** elke laatste hap van onze heerlijke maaltijd. Het smaakte nog beter dan het rook, en dat was verdomd goed! We eten relatief snel, omdat geen van ons beiden vandaag honger heeft, maar we nemen de tijd om nog een paar **glazen** wijn te drinken terwijl we luchtig kletsen over van alles en nog wat. Na het eten ruimen we snel samen op en gaan dan naar de woonkamer, waar we een poosje **knuffelen** op de bank terwijl we TV kijken.

Het voelt zo fijn om dicht bij elkaar te zijn na een lange dag apart **werken**. Ik voel me voldaan. Ook al hadden we geen avond vol belevenissen, het was fijn om gewoon wat tijd met elkaar door te brengen zonder het huis uit te hoeven. We keken een film en gingen vroeg naar bed, met een **voldaan** gevoel over onze eenvoudige avond. Dit is een van onze **favoriete** dingen geworden om te doen op avonden dat we niet uit willen gaan - gewoon thuis ontspannen en genieten van elkaars gezelschap tijdens een zelfgekookte maaltijd. Het is altijd fijn om te weten dat we hier na een lange dag kunnen terugkomen en gewoon onszelf kunnen zijn.

Vprašanja za razumevanje

1. Od kod prihaja pripovedovalec?

2. Kaj pripovedovalec počne po službi?

3. Kaj pripovedovalec poje za večerjo?

4. Zakaj je pripovedovalcu všeč kuhinja?

5. Kakšno jed pripravlja par?

6. Kako se pripovedovalec počuti ob koncu večera?

7. Kaj par najraje počne?

8. Kaj počneta, ko se utrudita?

9. Kje spijo?

10. Zakaj pripovedovalec rad ostaja doma?

Begrip vragen

1. Waar komt de verteller vandaan?

2. Wat doet de verteller na het werk?

3. Wat eet de verteller als avondeten?

4. Waarom houdt de verteller van de keuken?

5. Wat voor gerecht kookt het stel?

6. Hoe voelt de verteller zich aan het eind van de avond?

7. Wat is het favoriete ding van het koppel om te doen?

8. Wat doet het stel als ze moe worden?

9. Waar slapen ze?

10. Waarom blijft de verteller graag thuis?

Hoja domov

Ko sem se vračal domov iz službe, je bila **mirna** noč. Med hojo sem se ob spominih nasmehnila. Dobro se mi je zdelo, da sem se vrnil v svojo staro sosesko. Pomahal sem nekaj ljudem, ki sem jih poznal, in oni so mi pomahali nazaj. Dobro je bilo biti doma. Hodil sem mimo svoje stare šole in **se spominjal** vseh lepih trenutkov, ki sem jih preživel s prijatelji. Vedno smo se skupaj vračali domov in se pogovarjali o svojem dnevu. **Včasih smo** se ustavili na sladoledu ali šli v park. To so bili najlepši časi. Pogrešam jih. Toda zdaj imam svojo družino in sem zadovoljen s svojim življenjem. Vesela sem, da se lahko ob teh spominih nasmehnem. So del mojega življenja, ki ga bom vedno cenila. To so bili najboljši časi. Pogrešam jih. Toda zdaj imam svojo družino in sem zadovoljen s svojim življenjem. Vesela sem, da se lahko ob teh **spominih** ozrem nazaj in se nasmehnem. So del mojega življenja, ki ga bom vedno cenil.

Hodim naprej in razmišljam o lepih trenutkih, ki sem jih preživel s prijatelji. Vem, da jih bom kmalu spet videl. Odpravim se proti domu in se odločim, da se sprehodim po bližnjem parku. Sonce zahaja in nebo se obarva v **čudovito** oranžno barvo. Park je prazen, razen nekaj ptic, ki čivkajo na drevesih. Globoko **vdihnem in** se

Walking Home

Het was een **rustige** avond toen ik van mijn werk naar huis liep. Terwijl ik liep, kon ik niet anders dan glimlachen bij de herinneringen. Het voelde goed om terug in mijn oude buurt te zijn. Ik zwaaide naar een paar mensen die ik kende, en zij zwaaiden terug. Het was goed om thuis te zijn. Ik liep langs mijn oude school en **herinnerde me** alle leuke tijden die ik had met mijn vrienden. We liepen altijd samen naar huis en praatten over onze dag. **Soms** stopten we om een ijsje te halen of gingen we naar het park. Dat waren de beste tijden. Ik mis die tijden. Maar nu heb ik mijn eigen familie en ik ben blij met mijn leven. Ik ben blij dat ik op die herinneringen kan terugkijken en glimlachen. Ze zijn een deel van mijn leven dat ik altijd zal koesteren. Dat waren de beste tijden. Ik mis die tijden. Maar nu heb ik mijn eigen familie en ben ik gelukkig met mijn leven. Ik ben blij dat ik kan terugkijken op die **herinneringen** en kan glimlachen. Ze zijn een deel van mijn leven dat ik altijd zal koesteren.

Ik blijf lopen, denkend aan de goede tijden die ik had met mijn vrienden. Ik weet dat ik ze snel weer zal zien. Ik ga richting mijn huis en besluit door een park in de buurt te lopen. De zon gaat onder en de lucht kleurt **prachtig** oranje. Het park is leeg, behalve een

nasmehnem. Ko se sprehajam po parku, zagledam padajočo zvezdo, ki se razteza po nebu. Zaželela sem si, da bi jo videla, in šla naprej. Razmišljam o svojem dnevu v službi in o tem, kako **miren** je bil. Pri sebi se nasmehnem in pomislim, kakšno srečo imam, da imam tako dobro službo. Hodim domov in na koži **čutim** hladen nočni zrak. Počutim se tako živahno in srečno, ker uživam v preprosti hoji domov v mirni noči. Počutil sem se tako dobro, da sem začel **žvižgati**. Šel sem mimo nekaj ljudi na ulici, vendar so se vsi ukvarjali s svojimi zadevami.

Zavil sem za vogal svoje ulice in zagledal sosedovega mačka, gospoda Whiskersa, ki je sedel na verandi. Pozdravil sem ga, on pa mi je pomežiknil. **Odklenil** sem vrata in vstopil. Bila sem zelo vesela, da sem doma. Sezula sem si čevlje in se pripravila za spanje. Tisto noč sem šel spat srečen in hvaležen, moje srce pa je bilo polno ljubezni. Ponoči sem mirno spala in me ni nič skrbelo. Ko sem se zbudila iz mirnega spanca, me je **pozdravilo** sonce, ki je sijalo skozi okno. Vstal sem iz postelje in se pretegnil, globoko vdihnil in začutil, kako mi je hladen zrak napolnil pljuča. Šel sem do okna in pogledal ven, kjer sem slišal žvrgolenje ptic in igranje **veveric.** Nasmehnila sem se in se oblekla, saj sem se počutila srečno in zadovoljno.

paar vogels die in de bomen tjilpen. Ik haal diep **adem**
en glimlach. Terwijl ik door het park loop, zie ik een
vallende ster door de lucht scheren. Ik doe een wens
op die ster, en loop verder. Ik denk aan mijn dag op
het werk en hoe **vredig** het was. Ik glimlach in mezelf,
denkend aan hoe gelukkig ik ben dat ik zo'n geweldige
baan heb. Ik loop naar huis en **voel** de koele nachtlucht
op mijn huid. Ik voel me zo levendig en gelukkig,
gewoon genietend van de eenvoudige handeling van
het naar huis lopen op een vredige avond.
Ik voelde me zo goed, dat ik begon te **fluiten**. Ik liep
langs een paar mensen op straat, maar ze bemoeiden
zich allemaal met hun eigen zaken.

Ik draaide de hoek van mijn straat om en zag de kat van
mijn buren, Mr. Whiskers, op mijn veranda zitten. Ik zei
hem gedag en hij miauwde terug. Ik **deed** mijn deur **van
het slot** en ging naar binnen. Ik was zo blij om thuis te
zijn. Ik trok mijn schoenen uit en maakte me klaar om
naar bed te gaan. Ik ging die avond naar bed met een
blij en dankbaar gevoel, mijn hart vol liefde. Ik sliep de
hele nacht rustig door, zonder me ergens zorgen over
te maken. Ik werd wakker uit een rustgevende slaap
en werd **begroet** door de zon die door mijn raam naar
binnen scheen. Ik stapte uit bed en rekte me uit, haalde
diep adem en voelde hoe de koele lucht mijn longen
vulde. Ik liep naar mijn raam en keek naar buiten,
hoorde de vogels kwetteren en de **eekhoorns** spelen.
Ik glimlachte en kleedde me aan, blij en tevreden.

Vprašanja za razumevanje

1. Kaj je počel glavni junak, ko se je zgodba začela?

2. O čem je protagonist razmišljal, ko je hodil domov?

3. Kaj je protagonist po šoli počel s prijatelji?

4. Kaj protagonist pogreša v tistih časih?

5. Kaj protagonist meni o svojem sedanjem življenju?

6. Kaj stori glavni junak, ko zagleda padajočo zvezdo?

7. Kako se junak počuti, ko gre domov?

8. Kaj stori glavni junak, ko pride domov?

9. Kako se junak počuti, ko se naslednje jutro zbudi?

10. Kaj protagonist počne naslednji dan?

Begrip vragen

1. Wat was de hoofdpersoon aan het doen toen het verhaal begon?

2. Waar dacht de hoofdpersoon aan toen hij naar huis liep?

3. Wat deed de hoofdpersoon vroeger met vrienden na school?

4. Wat mist de hoofdpersoon van die tijd?

5. Wat vindt de hoofdpersoon van zijn huidige leven?

6. Wat doet de hoofdpersoon als hij een vallende ster ziet?

7. Hoe voelt de hoofdpersoon zich als ze naar huis lopen?

8. Wat doet de hoofdpersoon als ze thuiskomen?

9. Hoe voelt de hoofdpersoon zich als hij de volgende ochtend wakker wordt?

10. Wat doet de hoofdpersoon de volgende dag?

Grad

Družina si je že od nekdaj želela obiskati stari grad
v **Nemčiji** in končno se je odpravila na potovanje.
Niso bili **razočarani**. Grad je bil čudovit in uživali so v
raziskovanju njegovih številnih sob in hodnikov. Prva
stvar, ki jih je presenetila, je bil vonj. Našli so **plesen**,
vlago in še nekaj drugega, česar niso znali določiti.
Druga stvar je bil zvok. Kamniti zidovi so sicer debeli,
vendar zvoka ne utišajo popolnoma. Slišala sta vsak
korak, vsako besedo, izrečeno z normalnim glasom, in
občasno kapljanje vode **nekje v** daljavi. Ko so se njune
oči prilagodile šibki svetlobi, sta zagledala masivne
kamnite zidove, ki so se dvigali okoli njiju, in tapiserije,
ki so v **raztrganih** kosih visele z njih. Stala sta v
ogromni dvorani z visokim stropom, ki so ga podpirali
izklesani stebri. Všeč jim je bil tudi razgled z vežic,
otroci pa so se odlično zabavali ob tekanju po okolici.
Ko so končali z raziskovanjem gradu, je **sonce** začelo
zahajati in obžalovali so, da s seboj niso vzeli **svetilke**.
Odločili so se, da se bodo vrnili do vhoda, vendar so
se kmalu izgubili. Hodila sta naokrog, kot da bi se jima
zdelo več ur, dokler nista končno naletela na vrata, ki so
vodila ven. Nadaljevala sta, dokler nista prišla **na** konec
hodnika in se znašla pred impozantnimi dvojnimi vrati.
Ko sta se trudila, se vrata niso premaknila. **Zlovešče so**
zadrgetala, vendar se niso premaknila niti za milimeter.
Videti je bilo, da je moral tisti, ki je bil tu prej, iti skozi

Het kasteel

De familie had altijd al eens een oud kasteel in **Duitsland** willen bezoeken, en eindelijk hebben ze de reis gemaakt. Ze werden niet **teleurgesteld**. Het kasteel was prachtig, en ze genoten van het verkennen van de vele kamers en gangen. Het eerste wat hen trof was de geur. Ze vonden **schimmel**, vochtigheid, en iets anders waar ze hun vinger niet op konden leggen. Het tweede was het geluid. Stenen muren zijn dik, maar ze dempen het geluid niet volledig. Ze hoorden elke voetstap, elk woord dat met een normale stem werd gesproken, en af en toe een druppeltje water **ergens** in de verte. Toen hun ogen zich aanpasten aan het zwakke licht, zagen zij overal om hen heen massieve stenen muren opdoemen, waaraan wandtapijten in flarden hingen. Ze stonden in een enorme hal met een hoog plafond, ondersteund door gebeeldhouwde pilaren. Ze hielden ook van het uitzicht vanaf de torentjes, en de kinderen vermaakten zich met rondrennen over het terrein. De **zon** begon al onder te gaan tegen de tijd dat ze klaar waren met het verkennen van het kasteel, en ze betreurden het dat ze geen **zaklamp** hadden meegenomen. Ze besloten om terug te gaan naar de ingang, maar al snel waren ze verdwaald. Ze dwaalden urenlang rond, tot ze eindelijk een deur tegenkwamen die naar buiten leidde. Ze liepen door tot ze **aan het** eind van de gang

ta vrata in jih od znotraj zakleniti. Nazadnje sta našla izhod. Ko sta stopila na hladen nočni zrak, ju je oblilo olajšanje.

Sonce je začelo zahajati in **obžalovala** sta**, da** nista vzela svetilke. Odločila sta se, da se bosta vrnila do vhoda, vendar sta se kmalu izgubila. Več ur sta tavala naokoli, dokler nista končno naletela na vrata, ki so vodila **ven**. Ko sta stopila ven na hladen nočni zrak, ju je oblilo olajšanje. Naslednji večer sta s seboj vzela svetilko, ko sta raziskovala preostali del gradu. Sprehodila sta se po **dvorišču** in se spustila do reke, ki je tekla za **grajskim** obzidjem. Med hojo sta začela slišati čudne zvoke. Zdelo se je, kot da jim nekdo sledi. Pospešila sta korak, vendar so bili zvoki vedno glasnejši in bližje. Družina je stekla nazaj v grad, kolikor je le mogla, in z olajšanjem ugotovila, da jim lik v **temnem** plašču ni sledil.

kwamen bij een imposant stel dubbele deuren. Hoe ze ook probeerden, de deuren wilden niet bewegen. Ze rammelden **onheilspellend**, maar bewogen geen centimeter. Het leek erop dat degene die hier eerder was, hier doorheen was gegaan en ze van binnenuit had afgesloten. Uiteindelijk vinden ze een uitweg. Opluchting overspoelde hen toen ze naar buiten stapten in de koele nachtlucht.

De zon begon onder te gaan en zij **betreurden het** dat zij geen zaklamp hadden meegenomen. Ze besloten terug te gaan naar de ingang, maar al gauw waren ze verdwaald. Ze dwaalden urenlang rond, tot ze eindelijk een deur tegenkwamen die **naar buiten** leidde. Opluchting overviel hen toen ze naar buiten stapten in de koele nachtlucht. De volgende avond namen ze een zaklamp mee om de rest van het kasteel te verkennen. Ze liepen over de **binnenplaats** en naar de rivier die achter de kasteelmuren stroomde. Terwijl ze rondliepen, begonnen ze vreemde geluiden te horen. Het klonk alsof iemand hen volgde. Ze versnelden hun pas, maar de geluiden werden luider en dichterbij. De familie rende zo snel als ze konden terug naar het kasteel, en ze waren opgelucht toen ze zagen dat de figuur in de **donkere** mantel hen niet was gevolgd.

Vprašanja za razumevanje

1. Kaj je storila družina, ko se je izgubila v gradu?

2. Kako se je počutila družina, ko je izvedela, da je bil to le domačin?

3. Kaj je storil moški, da so ga aretirali?

4. Kakšna je bila kazen za tega človeka?

5. Kakšen hrup je družina slišala med hojo?

6. Kje je bil lik v temnem plašču, ko ga je družina zagledala?

7. Kaj je družina naredila, ko se je vrnila v svojo sobo?

8. Kdaj se je družina spet odpravila na ogled gradu?

9. Kaj je bilo tisto, česar družina ni mogla ugotoviti?

10. Kaj je družina počela, preden se je ponovno odpravila na raziskovanje gradu?

Begrip vragen

1. Wat deed de familie toen ze verdwaald waren in het kasteel?

2. Hoe voelde de familie zich toen ze erachter kwamen dat het gewoon een lokale man was?

3. Wat heeft de man gedaan waardoor hij gearresteerd is?

4. Wat was de straf voor de man?

5. Welk geluid hoorde de familie tijdens de wandeling?

6. Waar was de figuur in de donkere mantel toen de familie hem zag?

7. Wat deed de familie toen ze terugkwamen in hun kamer?

8. Wanneer ging de familie het kasteel weer verkennen?

9. Wat was het ding waar de familie hun vinger niet op konden leggen?

10. Wat deed de familie voordat ze weer op verkenning gingen in het kasteel?

Moj vrt

Moj vrt je moj srečni kraj. Vsak dan grem tja, naj bo dež ali sonce, in se posvečam svojim rastlinam. Imam malo **vsega - zelenjave,** sadja, cvetja, zelišč. Imam celo nekaj piščancev, ki pomagajo preprečevati škodljivce. Dneve na vrtu začnem z zbiranjem jajc od kokoši. Nato pregledam zelenjavo in poskrbim, da ima dovolj vode in sonca. Gredice opleveljam in odstranim vse hrošče, ki morda **napadajo** rastline. Ko je za **vse poskrbljeno,** se usedem in uživam v miru in tišini narave.

Že od nekdaj rada preživljam čas na vrtu. Nekaj je v tem, da ste obkroženi z naravo in vsemi **lepotami, ki jih** ponuja. Zame je to zelo miren in pomirjujoč kraj. Na vrtu pogosto preživljam čas, ko se sproščam in uživam v pokrajini. Uživam tudi v delu na vrtu in gojenju. Imam precej velik vrt in na njem rad gojim **različne** stvari. Gojim rože, **zelenjavo** in zelišča. Imam tudi nekaj sadnih dreves, ki rodijo okusna jabolka, hruške in slive. Poleg gojenja stvari se rad sprehajam po vrtu in **občudujem** različne rastline in živali, ki so na njem doma. V preteklih letih sem preživel veliko ur, da sem svoj **vrt spremenil** v kraj, ki ni le lep, ampak tudi funkcionalen. Rada opazujem ptice, ki se spreletavajo naokoli, in poslušam njihovo petje. Včasih celo prinesem knjigo in berem na vrtu, medtem ko me

Mijn tuin

Mijn tuin is mijn geluksplek. Ik ga er elke dag heen, regen of zonneschijn, en besteed tijd aan het verzorgen van mijn planten. Ik heb een beetje van **alles: groenten**, fruit, bloemen, kruiden. Ik heb zelfs een paar kippen die helpen het ongedierte op afstand te houden. Ik begin mijn dagen in de tuin met het rapen van eieren bij de kippen. Dan controleer ik mijn groenten en zorg ervoor dat ze genoeg water en zon krijgen. Ik wied de bedden en verwijder insecten die de planten kunnen **aanvallen**. Als **alles** is gedaan, leun ik achterover en geniet van de rust en stilte van de natuur.

Ik heb altijd graag tijd doorgebracht in mijn tuin. Er is iets met het omringd zijn door de natuur en al het **moois** dat zij te bieden heeft. Ik vind het een heel vredige en kalmerende plek. Ik breng vaak tijd door in mijn tuin, gewoon om te ontspannen en te genieten van het landschap. Ik geniet er ook van om in mijn tuin te werken en dingen te kweken. Ik heb een behoorlijk grote tuin, en ik kweek er graag **verschillende** dingen in. Ik kweek bloemen, **groenten** en kruiden. Ik heb ook een paar fruitbomen die heerlijke appels, peren en pruimen voortbrengen. Naast het kweken van dingen, vind ik het ook leuk om gewoon in mijn tuin rond te lopen en de verschillende planten en dieren te

obdaja vsa lepota, ki sem jo ustvaril. **Vrtnarjenje** je moja strast in mi prinaša toliko veselja. Vsak dan na mojem vrtu je dober dan.

Rada kuham, zato mi je dobro založen zeliščni vrt zelo **pomemben.** Timijan, bazilika, origano, rožmarin, žajbelj in sivka so le nekatera od zelišč, ki jih rada gojim na svojem vrtu, da jih lahko uporabljam pri pripravi jedi zase ali za **goste**. Druga stvar, ki mi je pomembna pri urejanju vrta, je, da poskrbim za veliko barv na vrtu. Da bi to dosegel, gojim veliko različnih cvetlic, vključno z **vrtnicami**, lilijami, marjeticami, tulipani, impatiensi, ognjičem itd. Poleg tega, da s cvetjem dodajam barvo, na vrtu rad dodajam tudi zanimivost z uporabo različnih **tekstur. Na** primer, pod visokimi sončnicami lahko posadim praproti ali hoste **ob** ostrolistnih okrasnih travah. Ne glede na to, kaj se mi v življenju dogaja, mi delo na vrtu vedno pomaga, da se počutim bolj povezanega z naravo in pomirjenega s seboj.

bewonderen die er wonen. Ik heb in de loop der jaren vele uren besteed om van mijn **tuin** een plek te maken die niet alleen mooi is, maar ook functioneel. Ik kijk graag naar de vogels die rondfladderen en luister naar hun gezang. Soms haal ik zelfs een boek tevoorschijn en lees in de tuin terwijl ik omringd ben door al het moois dat ik heb gecreëerd. **Tuinieren** is mijn passie en het brengt me zoveel vreugde. Elke dag in mijn tuin is een goede dag.

Een van de dingen die ik graag doe is koken, dus een goed gevulde kruidentuin is erg **belangrijk** voor me. Tijm, basilicum, oregano, rozemarijn, salie en lavendel zijn slechts enkele van de kruiden die ik graag in mijn tuin kweek, zodat ik ze kan gebruiken bij het bereiden van maaltijden voor mezelf of voor **gasten**. Wat ik ook belangrijk vind in mijn tuin is dat er veel kleur in zit. Om dit doel te bereiken, kweek ik een grote verscheidenheid aan bloemen, waaronder **rozen**, lelies, madeliefjes, tulpen, impatiens, goudsbloemen, enz. Naast het toevoegen van kleur met bloemen, vind ik het ook leuk om verschillende **texturen te** gebruiken in de tuin. Zo plant ik bijvoorbeeld varens onder torenhoge zonnebloemen of hosta's **naast** stekelige siergrassen. Wat er verder ook aan de hand is in mijn leven, door in mijn tuin **te** werken voel ik me altijd meer verbonden met de natuur en in vrede met mezelf.

Vprašanja za razumevanje

1. Kje je avtorjev vrt?

2. Koliko piščancev ima avtor?

3. Kaj avtor vsak dan počne na vrtu?

4. Zakaj je avtorju všeč vrt?

5. Katera zelišča avtor posadi na vrtu?

6. Zakaj je avtorju pomembno, da je na njegovem vrtu veliko barv?

7. Kako avtor popestri svoj vrt?

8. Kako se počuti avtor, ko dela na svojem vrtu?

9. Zaradi česa se avtor počuti povezanega, ko je na svojem vrtu?

10. zakaj je vsak dan na avtorjevem vrtu dober dan?

Begrip vragen

1. Waar is de tuin van de auteur?

2. Hoeveel kippen heeft de schrijver?

3. Wat doet de schrijver elke dag in de tuin?

4. Waarom houdt de auteur van de tuin?

5. Welke kruiden plant de auteur in de tuin?

6. Waarom is het belangrijk voor de auteur dat er veel kleuren in zijn tuin zijn?

7. Hoe brengt de auteur afwisseling in zijn tuin?

8. Hoe voelt de schrijver zich als hij in zijn tuin werkt?

9. Waardoor voelt de auteur zich verbonden als hij in zijn tuin is?

10. Waarom is elke dag in de tuin van de auteur een goede dag?

Nakupovanje

Rada **nakupujem** v nakupovalnem središču. Vedno je tako zabavno hoditi naokoli in si ogledovati različne trgovine. V nakupovalnem središču se najde nekaj za vsakogar, poleg tega pa je to vedno odličen kraj za iskanje ugodnih nakupov oblačil, čevljev in dodatkov. Nakupovanje **običajno** začnem tako, da grem skozi glavni **vhod v** nakupovalno središče. Od tam se najprej odpravim v svoje najljubše trgovine. Ko si ogledam te trgovine, se sprehodim naokoli in preverim, ali se na drugih mestih odvijajo razprodaje. Običajno v nakupovalnem središču preživim nekaj ur, preden končno opravim svoje nakupe. Pri nakupovanju si vedno rad vzamem čas, **saj** se želim prepričati, da bom dobil **točno** to, kar želim. Poleg tega je tako bolj zabavno!

Vedno se mi zdi zelo **zanimivo** opazovati ljudi, ko sem v nakupovalnem središču. Po načinu nakupovanja lahko res veliko poveš o človeku. Nekateri so zelo metodični in si vzamejo čas, za druge pa se zdi, da pograbijo **vse, kar** lahko, in se čim hitreje odpravijo na blagajno. Obstajajo tudi tisti kupci, za katere se zdi, da jih bolj zanima pogovarjanje po mobilnih telefonih ali pisanje sporočil, kot pa da bi si dejansko ogledovali blago! Ne glede na to, kakšne vrste nakupovalec ste,

Gaan winkelen

Ik hou ervan om te gaan **winkelen** in het winkelcentrum. Het is altijd zo leuk om rond te lopen en naar alle verschillende winkels te kijken. Er is voor elk wat wils in het winkelcentrum, en het is altijd een geweldige plek om deals te vinden voor kleren, schoenen en accessoires. Ik begin mijn shoppingtrip meestal met een wandeling door de **hoofdingang** van het winkelcentrum. Van daaruit ga ik eerst naar mijn favoriete winkels. Na het bekijken van die winkels, loop ik rond en kijk of er een verkoop gaande is op andere plaatsen. Meestal ben ik wel een paar uur in het winkelcentrum voordat ik eindelijk mijn aankopen doe. Ik neem altijd graag mijn tijd als ik ga winkelen, **want** ik wil zeker weten dat ik **precies** krijg wat ik wil. Plus, het is gewoon leuker op die manier!

Ik vind het altijd zo **fascinerend** om mensen te kijken als ik in het winkelcentrum ben. Je kunt echt veel over een persoon vertellen door de manier waarop ze winkelen. Sommige mensen zijn heel methodisch en nemen hun tijd, terwijl anderen gewoon lijken te grijpen **wat** ze kunnen en zo snel mogelijk naar de kassa gaan. Er zijn ook shoppers die meer geïnteresseerd lijken te zijn in het praten op hun mobieltje of in sms'en dan in het bekijken van de koopwaar! Het maakt echter

se zdi, da vsi uživajo v nakupovanju izložb - tudi če dejansko ničesar ne kupijo. Nekaj je v tem, da gledam vse lepe stvari v **izložbah, kar** me osrečuje. Včasih fantaziram o tem, kako bi bilo, če bi si lahko privoščila **vse, kar** vidim! Na splošno je celodnevno nakupovanje v nakupovalnem središču ena mojih najljubših zabav. To je odličen način za sprostitev in oddih, hkrati pa se tudi malo razgibam (če se dovolj sprehodim). Poleg tega si je **vedno** lepo privoščiti novo majico ali par čevljev!

Po dolgem dnevu v službi sem imela končno nekaj prostega časa, zato sem se odločila, da grem po nakupih v nakupovalni center. Za **prihajajočo** sezono sem potrebovala nekaj novih oblačil. Takoj ko sem vstopila, sem zagledala vse svetle luči in bleščeče izložbe. Najprej sem se odpravila v svojo najljubšo trgovino in začela brskati po stojalih. Našla sem nekaj lepih majic in jih pomerila v garderobi. Ko sem se gledala v ogledalu, sem zaslišala, da nekdo prihaja v sosednjo garderobo. V njegovem glasu sem prepoznala sodelavca. Pozdravila sva se in začela klepetati o delu. Po nekaj minutah sva oba končala in šla **vsak svojo** pot, vendar sva pozneje spet naletela drug na drugega. Še naprej sva klepetala in ugotovila, da imava več skupnega, kot sva mislila.

niet uit wat voor soort shopper je bent, iedereen lijkt te genieten van window shopping - zelfs als je niet echt iets koopt. Er is gewoon iets aan het kijken naar al die mooie dingen in de **etalages** dat me gelukkig maakt. Soms fantaseer ik over hoe het zou zijn als ik me **alles** kon veroorloven wat ik zie! Al met al is een dagje winkelen in het winkelcentrum een van mijn favoriete bezigheden. Het is een geweldige manier om te ontspannen en tot rust te komen, terwijl je ook een beetje beweging krijgt (als je maar genoeg rondloopt). Bovendien is het **altijd** leuk om jezelf af en toe te trakteren op een nieuw shirt of een paar schoenen!

Ik had een **lange** dag op het werk en had eindelijk wat tijd voor mezelf, dus besloot ik te gaan winkelen in het winkelcentrum. Ik had wat nieuwe kleren nodig voor het **komende** seizoen. Zodra ik binnenkwam, zag ik al die felle lichten en glimmende etalages. Ik ging eerst naar mijn favoriete winkel en begon door de rekken te snuffelen. Ik vond een paar leuke topjes en paste ze in de kleedkamer. Terwijl ik mezelf in de spiegel bekeek, hoorde ik iemand de kleedkamer naast de mijne binnenkomen. Ik herkende zijn stem als een van mijn collega's. We zeiden hallo en begonnen te kletsen over het werk. Na een paar minuten waren we allebei klaar en gingen we onze **eigen** weg, maar later kwamen we elkaar weer tegen. We praatten verder en beseften dat we meer gemeen hadden dan we dachten.

Vprašanja za razumevanje

1. Kje najraje shranjujete?

2. Katera je vaša najljubša trgovina v nakupovalnem središču?

3. Kako dolgo se običajno zadržujete v nakupovalnem središču?

4. Kaj menite o ljudeh, ki veliko časa preživijo v nakupovalnem središču?

5. Kaj najraje počnete v nakupovalnem središču?

6. Ste v nakupovalnem središču kdaj kupili nekaj, česar v resnici niste potrebovali?

7. Kako se odzovete, ko v nakupovalnem središču vidite nekaj, kar bi vam bilo zelo všeč, vendar je predrago?

8. Ste kdaj v nakupovalnem središču videli nekaj in se spraševali, kdo bi to kupil?

9. Kakšno je vaše mnenje o ljudeh, ki se v nakupovalnem središču ukvarjajo s svojimi mobilnimi telefoni, namesto da bi si ogledovali trgovine?

Begrip vragen

1. Waar sla je het liefst op?

2. Wat is je favoriete winkel in het winkelcentrum?

3. Hoe lang blijft u meestal in het winkelcentrum?

4. Wat vind je van mensen die veel tijd in het winkelcentrum doorbrengen?

5. Wat is uw favoriete bezigheid in het winkelcentrum?

6. Heb je ooit iets gekocht in het winkelcentrum terwijl je het niet echt nodig had?

7. Hoe reageert u als u in het winkelcentrum iets ziet dat u heel graag zou willen hebben, maar dat te duur is?

8. Heb je ooit iets in het winkelcentrum gezien en je afgevraagd wie het zou kopen?

9. Wat vindt u van mensen die in het winkelcentrum met hun mobieltje bezig zijn in plaats van naar de winkels te kijken?

Na trgu

V soboto zjutraj vstanem zgodaj, da bi prišel na
tržnico, preden bo tam preveč ljudi. Oblečem se in
se odpravim skozi vrata ter na poti vzamem vrečke za
večkratno uporabo. Med hojo začnem načrtovati, kaj
bom pripravila za prihodnji teden. Vem, da želim vsaj
enkrat **speči** zelenjavo, zato bom morala kupiti nekaj
kakovostne zelenjave. Prav tako želim pripraviti juho ali
enolončnico, zato bom moral kupiti tudi nekaj mesa. Ko
pridem tja, bom videl, kaj je videti dobro. Tržnica je le
nekaj ulic stran in že vidim postavljene stojnice in **ljudi,
ki** se vrtijo okoli nje.

Ko pridem na tržnico, se odpravim naravnost na
stojnico z zelenjavo. Izbira je čudovita in vrečke
napolnim z različnimi **svežimi** pridelki. Nekaj časa
klepetam s kmetom, ki mi priporoči nekaj receptov.
Z veseljem jih preizkusim. Med nakupovanjem se
pogovarjam s **kmeti, spoznavam** jih in njihove izdelke.
Ko imam vso zelenjavo, ki jo potrebujem, preidem na
oddelek z mesom. Tu sem nekoliko bolj zadržan, saj
nisem prepričan, kaj bi rad kupil. Na koncu se odločim
za piščanca, ker je vsestranski in se lahko uporablja v
različnih jedeh. Kupim tudi nekaj različnih kosov mesa,
pri čemer pazim, da kupim govedino, krmljeno s travo,
in **piščanca iz** proste reje. Mesar je bil prijazen človek,

Op de markt

Ik sta op zaterdagochtend vroeg op, popelend om naar de **markt te gaan** voordat het te druk wordt. Ik trek wat kleren aan en ga de deur uit, terwijl ik onderweg mijn herbruikbare tassen pak. Terwijl ik loop, begin ik te plannen wat ik de komende week wil maken. Ik weet dat ik minstens één keer groenten wil **roosteren**, dus ik moet wat groenten van goede kwaliteit kopen. Ik wil ook een soep of stoofpot maken, dus ik moet ook wat vlees kopen. Ik zal moeten kijken wat er goed uitziet als ik daar ben. De markt is maar een paar straten verderop, en ik zie de kraampjes al staan en de **mensen al rondlopen**.

Ik kom aan op de markt en ga meteen naar de groentekraam. Het aanbod is prachtig en ik vul mijn tassen met een verscheidenheid aan **verse** producten. Ik maak een praatje met de boer en hij raadt me een paar recepten aan. Ik ben enthousiast om ze uit te proberen. Ik maak een praatje met de **boeren** terwijl ik aan het winkelen ben en leer hen en hun producten kennen. Als ik alle groenten heb die ik nodig heb, ga ik naar de vleesafdeling. Ik aarzel een beetje, omdat ik niet zeker weet wat ik wil hebben. Uiteindelijk kies ik voor kip, omdat dat veelzijdig is en in allerlei gerechten kan worden gebruikt. Ik koop

ki je bil kljub dolgemu delovniku vedno vesel. Zavil je moje piščančje prsi in zrezek, nato pa se je z mano pogovarjal o svojih načrtih za konec tedna. Poslovil sem se od njega in nadaljeval pot. Na oddelku z mlečnimi izdelki sem vzel tudi nekaj jajc in sira.

Na tržnici je bilo živahno, saj so vsi hrepeneli po svežih pridelkih in mesu, **ki so jih ponujali.** Zrak je dišal po česnu in čebuli, v zraku pa je bilo slišati smeh in pogovor. Prebil sem se skozi množico in izbral druge stvari, ki sem jih potreboval za tedenski nakup. Napolnila sem **košarico s** sadjem in zelenjavo, testeninami in kruhom, preden sem se odpravila do blagajne. Vrsta je bila dolga, vendar se je hitro premikala. Končno sem kupila še zadnja **živila in** čas je bil za odhod domov. Avto je bil naložen in vožnja domov je bila dolga in naporna. Promet je bil gost in vročina je bila utesnjujoča. Končno je avto zapeljal na dovoz in olajšanje je bilo čutiti. Hiša je bila hladna in tiha, po **vrvežu na** tržnici pa je bila kot zatočišče. Vse je bilo pospravljeno in v hiši je kmalu spet vladal običajni mir in tišina. Imela sem vse, kar sem potrebovala za pripravo **okusnih** obrokov zase in za svojo družino. Dobro je bilo biti doma.

ook een paar verschillende stukken vlees, en zorg ervoor dat ik grasgevoerd rundvlees en **scharrelkip koop**. De slager was een vriendelijke man, altijd vrolijk ondanks de lange uren die hij werkte. Hij pakte mijn kippenborst en biefstuk in voordat hij met me praatte over zijn weekendplannen. Ik nam afscheid van hem en vervolgde mijn weg. Ik heb ook nog wat eieren en kaas meegenomen uit de zuivelafdeling.

Het krioelde van de mensen op de markt, die allemaal stonden te popelen om de verse producten en het vlees dat werd aangeboden in **handen te** krijgen. De lucht hing vol met de geur van knoflook en uien, en het geluid van gelach en gesprekken vulde de lucht. Ik baande me een weg door de menigte en zocht de andere dingen uit die ik nodig had voor mijn wekelijkse boodschappen. Ik vulde mijn **mandje** met fruit en groenten, pasta en brood, voordat ik naar de kassa ging. De rij was lang, maar het ging snel. Eindelijk waren de laatste **boodschappen** gedaan, en was het tijd om naar huis te gaan. De auto werd volgeladen, en de rit naar huis was lang en moeizaam. Het verkeer was druk en de hitte was drukkend. Eindelijk reed de auto de oprit op en de opluchting was voelbaar. Het huis was koel en stil, en het was een oase na de drukte van de markt. Alles werd opgeborgen, en het huis was al snel weer in zijn gebruikelijke rust en stilte. Ik had alles wat ik nodig had om **heerlijke** maaltijden te maken voor mezelf en voor mijn gezin. Het was goed om thuis te zijn.

Vprašanja za razumevanje

1. Kam gre oseba?

2. Kaj želi oseba kupiti?

3. Koliko vrečk ima oseba?

4. Kako daleč je tržnica?

5. Kaj oseba počne zdaj?

6. Kaj vse je na trgu?

7. Koliko ljudi je na trgu?

8. Koliko časa je oseba potrebovala, da je vse kupila?

9. Kako je oseba odšla domov?

10. Kaj je oseba naredila, ko je prišla domov?

Begrip vragen

1. Waar gaat de persoon heen?

2. Wat wil de persoon kopen?

3. Hoeveel tassen heeft de persoon?

4. Hoe ver weg is de markt?

5. Wat doet de persoon op dit moment?

6. Wat is alles op de markt?

7. Hoeveel mensen zijn er op de markt?

8. Hoe lang heeft de persoon erover gedaan om alles te kopen?

9. Hoe is de persoon naar huis gegaan?

10. Wat deed de persoon toen hij of zij thuiskwam?

V kavarni

Bilo je hladno **jesensko** jutro in s prijateljico Lily sem se dogovorila za kavo v najini najljubši kavarni. Toplo sem se zavila v plašč in šal ter se odpravila na pot. Listje je padalo z dreves in v zraku je bilo čutiti pripeko, vendar je sijalo sonce in obetalo se je, da bo lep dan. Med hojo sem **razmišljala** o tem, kako dobro je imeti prijateljico, kot je Lily. Bili sva prijateljici že leta, vse odkar sva se spoznali na **univerzi**. Družila sva se zaradi ljubezni do kave in druženja v kavarnah. Čeprav sva zdaj živeli v različnih delih mesta, sva se še vedno enkrat na teden srečevali na kavi. Ko sem prišel v kavarno, me je tam že čakala Lily. Objeli sva se v pozdrav in naročili kavi. Poiskali sva mizo ob oknu in se usedli za klepet. **Kava** je bila kot vedno odlična in bilo je zelo lepo, da sem se družila z Lily. Pogovarjala sva se o tednu, službi in načrtih za prihodnost. Z Lily se je bilo vedno tako lahko pogovarjati in zdelo se mi je, da ji lahko povem vse. Čez nekaj časa sva začeli biti lačni in **odločili sva se, da** bova naročili nekaj hrane.

Naročili smo hrano in si poiskali sedež ob oknu. Skozi okno je sijalo sonce in vse je bilo toplo in veselo. Med jedjo sva se pogovarjala in uživala v preprostem užitku, da sva v **družbi drug drugega**. Kavarna je bila polna ljudi, vendar se ni zdelo, da bi bila gneča. V zraku je

In een café

Het was een kille **herfstochtend** en ik had met mijn vriendin Lily afgesproken in ons favoriete café voor een kopje koffie. Ik wikkelde me warm in mijn jas en sjaal en ging op weg. De bladeren vielen van de bomen en de lucht was een beetje fris, maar de zon scheen en het beloofde een mooie dag te worden. Terwijl ik liep, **dacht** ik aan hoe goed het was om een vriendin als Lily te hebben. We waren al jaren vriendinnen, sinds we elkaar op de **universiteit** ontmoetten. We kregen een band door onze voorliefde voor koffie en het kletsen in cafés. Ook al woonden we nu in verschillende delen van de stad, we kwamen nog steeds één keer per week samen om koffie te drinken. Ik kwam aan bij het café, en Lily zat daar al op me te wachten. We omhelsden elkaar en bestelden onze koffie. We vonden een tafeltje bij het raam en gingen zitten kletsen. De **koffie** was heerlijk, zoals altijd, en het was zo leuk om bij te praten met Lily. We spraken over onze week, onze banen, en onze plannen voor de toekomst. Het was altijd zo makkelijk om met Lily te praten, en ik had het gevoel dat ik haar alles kon vertellen. Na een tijdje begonnen we honger te krijgen en **besloten we** wat eten te bestellen.

We **bestelden** ons eten en zochten een plaatsje bij het raam. De zon scheen door het raam naar binnen,

bilo čutiti mir in zadovoljstvo. Ko sva končala s hrano, sva še nekaj časa sedela in uživala v mirnem **vzdušju**. Nekaj časa smo se pogovarjali o različnih stvareh, ki so se dogajale v naših življenjih. Bilo je zelo prijetno, da sva se s prijateljico ujeli in **se sprostili**. Skozi okno je sijalo sonce in zdelo se je, da **nič ne more** pokvariti najinega popolnega dne.

Nenadoma sem zaslišal glasen trk. Obrnil sem se in videl, da je moški padel skozi strop in ležal na tleh pred nami. **Pokrit je** bil s prahom in ruševinami in zdelo se je, da je nezavesten. S prijateljico sva bili v šoku, ko sva gledali moškega, ki je ležal na tleh. Nisva vedela, kaj naj storiva in koga naj pokličeva na pomoč. Samo sedela sva in ga gledala, ne da bi vedela, kaj naj storiva. Po nekaj minutah sem se prebudila in poklicala policijo. Operater mi je rekel, da bo nekdo kmalu prišel. Položil sem slušalko in prijatelju povedal, kaj je rekel **operater.** Oba sva sedela in čakala, da pride pomoč. Zdelo se mi je, da je trajalo celo večnost, vendar **se** je na koncu pojavilo reševalno vozilo. Reševalci so vdrli noter in ga začeli oskrbovati.

waardoor alles warm en gelukkig aanvoelde. We babbelden terwijl we ons eten aten, en genoten van het simpele plezier om in elkaars **gezelschap** te zijn. Het was druk in het café, maar het voelde niet druk aan. Er hing een gevoel van vrede en tevredenheid in de lucht. Toen we ons eten op hadden, bleven we nog een tijdje zitten, genietend van de vredige **sfeer**. We praatten een tijdje over verschillende dingen die in ons leven waren gebeurd. Het was zo fijn om bij te praten met mijn vriend en gewoon **te ontspannen**. De zon scheen door het raam, en het voelde alsof **niets** onze perfecte dag kon verpesten.

Plotseling hoorde ik een harde klap. Ik draaide me om en zag dat een man door het plafond was gevallen en voor ons op de grond lag. Hij was **bedekt** met stof en puin en leek bewusteloos te zijn. Mijn vriend en ik waren allebei in shock toen we naar de man staarden die op de grond lag. We wisten niet wat we moesten doen of wie we moesten bellen voor hulp. We zaten daar gewoon naar hem te staren, niet wetend wat te doen. Na een paar minuten kwam ik bij en belde 911. De telefoniste zei me dat er zo iemand zou komen. Ik hing de telefoon op en vertelde mijn vriend wat de **telefoniste** had gezegd. We zaten daar allebei te wachten tot er hulp kwam. Het leek wel een eeuwigheid, maar uiteindelijk **kwam** er een ambulance. De ambulancebroeders snelden naar binnen en begonnen met de man te werken.

Vprašanja za razumevanje

1. Od kod pride človek, ki pade skozi streho?

2. Zakaj je ženska s prijateljico v kavarni?

3. Katera je najljubša kavarna prijateljev?

4. Kako dolgo se prijatelja poznata?

5. Katera je najljubša pijača obeh prijateljev?

6. V katerem mestu živita prijatelja?

7. Kako pogosto se prijatelja srečujeta?

8. O čem se prijatelja pogovarjata, ko se prvič srečata v svoji najljubši kavarni?

9. Katera je najljubša hrana obeh prijateljev?

10. Zakaj je tako lahko govoriti z Lily?

Begrip vragen

1. Waar komt de man vandaan die door het dak valt?

2. Waarom is de vrouw met haar vriendin in het café?

3. Wat is het favoriete café van de twee vrienden?

4. Hoe lang kennen de twee vrienden elkaar al?

5. Wat is het favoriete drankje van de twee vrienden?

6. In welke stad wonen de twee vrienden?

7. Hoe vaak ontmoeten de twee vrienden elkaar?

8. Waar hebben de twee vrienden het over als ze elkaar voor het eerst ontmoeten in hun favoriete café?

9. Wat is het lievelingseten van de twee vrienden?

10. Waarom is het zo makkelijk om met Lily te praten?

Plavanje

Bazen je bil vedno **osvežujoč** kraj in tudi danes ni
bilo nič drugače. Sonce je sijalo in voda je bila videti
vabljiva. Globoko sem vdihnil in se potopil ter začutil
hladen objem vode. Nekaj časa sem plavala na krogih,
uživala v gibanju in možnosti, da si zbistrim glavo.
Čez nekaj časa sem izstopil iz vode, se osušil in se
usedel na brisačo, da bi se sprostil na soncu. Zaprla
sem oči in se prepustila **toploti ter** začutila, kako
se mi mišice sproščajo. Nenadoma sem zaslišala
pljuskanje, odprla oči in zagledala svojo mlajšo sestro,
ki je **veslala v** plitvini. Nasmehnila sem se in jo nekaj
časa opazovala, nato pa sem vstala in šla do nje. Nekaj
časa sva klepetali in veslali skupaj ter uživali v družbi
druga druge. Kmalu so se nam pridružili tudi starši
in preostanek popoldneva smo preživeli v skupnem
plavanju in igranju iger. Vedno je bilo tako lepo preživeti
čas z družino v bazenu. Zdi se, da je v vodi **nekaj, kar**
ljudi zbliža. Morda zato, ker smo v vodi vsi enaki - ne
moremo skrivati svojih pomanjkljivosti ali se pretvarjati,
da smo nekaj, kar nismo. Morda pa je to preprosto zato,
ker je zabavno! **Ne glede na** razlog sem bil vesel, da
smo se lahko vsi zbrali in uživali v družbi drug drugega
na tako posebnem kraju.

Sonce me je žgalo v kožo in v zraku je bilo čutiti vonj

Gaan zwemmen

Het zwembad was altijd een **verfrissende** plek om te zijn, en vandaag was dat niet anders. De zon scheen en het water zag er uitnodigend uit. Ik haalde diep adem en dook erin, de koele omhelzing van het water voelend. Ik zwom een tijdje baantjes, genoot van de beweging en de kans om mijn hoofd leeg te maken. Na een tijdje kwam ik eruit en droogde me af, waarna ik op een handdoek ging zitten om te relaxen in de zon. Ik sloot mijn ogen en liet de **warmte** over me heen spoelen, ik voelde mijn spieren ontspannen. Plotseling hoorde ik een plons en ik opende mijn ogen om mijn kleine zusje te zien **poedelen** in het ondiepe gedeelte. Ik glimlachte en keek een tijdje naar haar, stond toen op en liep naar haar toe. We kletsten wat en peddelden samen wat rond, genietend van elkaars gezelschap. Al snel kwamen onze ouders erbij, en we brachten de rest van de middag zwemmend en spelend door. Het was altijd zo leuk om tijd met de familie in het zwembad door te brengen. Er is **iets** met in het water zijn dat mensen samenbrengt. Misschien is het omdat we allemaal gelijk zijn als we in het water zijn - we kunnen onze gebreken niet verbergen of doen alsof we iets zijn wat we niet zijn. Of misschien is het gewoon omdat het leuk is! **Wat** de reden ook is, ik was gewoon blij dat we allemaal bij elkaar konden komen en van elkaars gezelschap

po kloru. Slišal sem zvoke otrok, ki so se smejali in čofotali v bazenu. Ležala sem na ležalniku ob bazenu, se sončila in **uživala v** dnevu. Imela sem zaprte oči in ravno sem hotela zaspati, ko sem zaslišala, da nekdo hodi do mene. Odprla sem oči in zagledala žensko, ki je stala poleg mene. Oblečena je bila v bikini in okoli pasu je imela ovito brisačo. Imela je dolge svetle lase in modre oči. V roki je držala stekleničko **kreme za sončenje.** "Ali imaš kaj proti, če ti namažem hrbet s kremo za sončenje?" je vprašala. "Ne, v redu," sem rekel in se usedel, da mi je lahko dosegla hrbet. Ko je nanesla kremo za sončenje, sem na svoji koži začutil njene roke.

Njen dotik je bil nežen, vonj kreme za sončenje pa blagodejen. Spet sem zaprl oči in se sprostil. Slišal sem **zvok** njenega premikanja, vendar nisem odprl oči. Zadovoljen sem bil, da sem le ležal na soncu in poslušal zvok valov, ki so **se razbijali** ob obalo. Po nekaj minutah je odšla in odprl sem oči. Opazoval sem jo, kako se je vrnila k svojemu ležalniku in vzela knjigo. Usedla se je v svoj stol in začela brati. Spet sem zaprla oči in se prepustila spancu.

konden genieten op zo'n speciale plek.

De zon scheen op mijn huid en de geur van chloor hing in de lucht. Ik kon de geluiden horen van lachende kinderen die in het zwembad spetterden. Ik lag op een ligstoel naast het zwembad, te genieten van de zon en **de** dag. Ik had mijn ogen gesloten en wilde net in slaap vallen toen ik iemand naar me toe hoorde lopen. Ik opende mijn ogen en zag een vrouw naast me staan. Ze droeg een bikini en had een handdoek om haar middel gewikkeld. Ze had lang blond haar en blauwe ogen. Ze hield een fles **zonnebrandcrème** in haar hand. "Vind je het erg als ik wat zonnebrandcrème op je rug smeer?" vroeg ze. "Nee, dat hoeft niet," zei ik, terwijl ik rechtop ging zitten zodat ze bij mijn rug kon. Ik voelde haar handen op mijn huid terwijl ze de zonnebrandcrème aanbracht.

Haar aanraking was zacht en de geur van de zonnebrandcrème was kalmerend. Ik sloot mijn ogen weer en liet me ontspannen. Ik kon het **geluid** van haar bewegingen horen, maar ik opende mijn ogen niet. Ik was tevreden met het feit dat ik daar in de zon lag, luisterend naar het geluid van de golven **die** tegen de kust sloegen. Na een paar minuten liep ze weg, en ik opende mijn ogen. Ik keek naar haar terwijl ze terugliep naar haar ligstoel en haar boek oppakte. Ze nestelde zich in haar stoel en begon te lezen. Ik sloot mijn ogen weer en liet me wegdrijven in slaap.

Vprašanja za razumevanje

1. Kje je bil pripovedovalec na začetku zgodbe?

2. Kaj začuti pripovedovalec, ko odpre oči?

3. Kaj sliši pripovedovalec, ko odpre oči?

4. Čigavo kremo za sončenje da ženska pripovedovalcu?

5. O čem pripovedovalec sanja?

6. Zakaj je kopanje v morju za pripovedovalca tako posebno?

7.Kakšen je občutek vode, v kateri plava pripovedovalec?

8. Kaj vidi pripovedovalec, ko pride iz vode?

9. Kaj naredi ženska, ko pripovedovalca namaže s kremo za sončenje?

10. O čem se pripovedovalec in ženska pogovarjata na koncu zgodbe?

Begrip vragen

1. Waar was de verteller toen hij het verhaal begon?

2. Wat ruikt de verteller als hij zijn ogen opent?

3. Wat hoort de verteller als hij zijn ogen opent?

4. Van wie is de zonnebrandcrème die de vrouw aan de verteller geeft?

5. Waar droomt de verteller over?

6. Waarom is zwemmen in de zee zo speciaal voor de verteller?

7. Hoe voelt het water aan waarin de verteller zwemt?

8. Wat ziet de verteller als hij uit het water komt?

9. Wat doet de vrouw nadat ze de verteller heeft ingesmeerd met zonnebrandcrème?

10. Waarover praten de verteller en de vrouw aan het eind van het verhaal?

Košnja trate

Na poletno **soboto je** deset dopoldne in sonce že neusmiljeno žgečka. Odpravite se v garažo po kosilnico in se počutite, kot da ste **obsojeni na** težko delo. Začneš kositi trato in pri tem paziš, da greš počasi, da ne spregledaš kakšnega mesta. Med košnjo razmišljate o tem, kako dobro je biti zunaj na svežem zraku. Ko začnete potiskati kosilnico sem in tja po trati, s kotičkom **očesa zagledate** soseda. Pomahate mu in ga pozdravite, on pa vam pomaha nazaj.

Po nekaj minutah ste končali in se odpravili do sosedove hiše, da bi z njim na vrtu spili pivo. Dan je **popoln -** ni prevroče, piha nežen vetrič. Sedite v senci drevesa, srkate pivo in klepetate s sosedom. Zaradi takšnih dni cenite poletje. Nato **se odpravite** v notranjost in si privoščite zasluženo pivo. Usedete se na stol na verandi, odprete pločevinko in zadovoljno zavzdihnete. Zvok kosilnice se umakne v ozadje, ko se sprostite v senci in uživate v **miru** tega trenutka. Pivo je po vsem tem napornem delu v vročini še posebej dobrega okusa. Že sem se hotel odpraviti v notranjost, ko sem zaslišal hrup v sosednji hiši.

Zvenelo je, kot da nekdo joka. Prenehal sem kositi in

Het maaien van het gazon

Het is 10 uur 's ochtends op een zomerse **zaterdag**, en de zon schijnt al ongenadig. Je sjokt naar de garage om de grasmaaier te halen, met het gevoel dat je **veroordeeld bent** tot dwangarbeid. Je begint het gazon te maaien, en zorgt ervoor dat je het rustig aan doet, zodat je niets over het hoofd ziet. Terwijl je aan het maaien bent, denk je aan hoe goed het voelt om buiten in de frisse lucht te zijn. Terwijl u de maaier heen en weer over het gazon duwt, ziet u uw buurman vanuit uw **ooghoek**. Je zwaait en zegt hallo, en hij zwaait terug.

Na een paar minuten ben je klaar, en je gaat naar het huis van je buurman om met hem een biertje te drinken in de voortuin. Het is een **perfecte** dag - niet te warm, met een zacht briesje. Je zit daar in de schaduw van de boom, nipt van je biertje en kletst wat met je buurman. Het zijn dagen als deze die je de zomer doen waarderen. Dan **ga** je naar binnen voor een welverdiend biertje. Je ploft neer in een stoel op de veranda, trekt het blikje open en slaakt een tevreden zucht. Het geluid van de maaier verdwijnt naar de achtergrond terwijl je in de schaduw ontspant en geniet van de **rust** van het moment. Het bier smaakt extra goed na al dat harde werk in de hitte. Ik stond op het

stopil do ograje, ki je ločevala najini dvorišči. Pogledal sem čez in videl sosedo, gospo Johnson, ki je jokala na gugalnici na verandi. Poklical sem jo, vendar me ni slišala. Splezal sem čez ograjo in prišel do nje. "Gospa Johnsonova, je z vami vse v redu?" Vprašal sem jo. S solzami v očeh me je pogledala in zmajala z glavo. "Ne, nisem v redu," je rekla. "Včeraj mi je umrl maček." Bila sem šokirana. Nisem vedela, kaj naj rečem. Samo nerodno sem stala in nisem vedela, kaj naj storim. Nazadnje sem ji položila roko na **ramo** in rekla: "Zelo mi je žal, gospa Johnson. Če vam lahko kakor koli pomagam, mi prosim sporočite. " Zmajala je z glavo in rekla: "Ne, nihče **ne more** storiti **ničesar."** Nato je vstala in odšla v svojo hišo. Za trenutek sem stal tam in nisem vedel, kaj naj storim. Nato sem se vrnil h košnji trate. Ko sem končal, si nisem mogel kaj, da ne bi pomislil na gospo Johnson in njeno mačko.

punt om naar binnen te gaan toen ik een geluid hoorde bij de buren.

Het **klonk** alsof iemand huilde. Ik stopte met maaien en liep naar het hek dat onze tuinen scheidde. Ik keek om en zag mijn buurvrouw, mevrouw Johnson, huilen op haar schommelbank. Ik riep naar haar, maar ze hoorde me niet. Ik klom over het hek en liep naar haar toe. "Mevrouw Johnson, is alles goed met u?" vroeg ik. Ze keek met tranen in haar ogen naar me op en schudde haar hoofd. "Nee, het gaat niet goed met me," zei ze. "Mijn kat is gisteren gestorven." Ik was geschokt. Ik wist niet wat ik moest zeggen. Ik stond daar maar wat ongemakkelijk, niet wetend wat ik moest doen. Uiteindelijk legde ik mijn hand op haar **schouder** en zei: "Het spijt me zo, mevrouw Johnson. Als er iets is wat ik kan doen om te helpen, laat het me alsjeblieft weten. "Ze schudde haar hoofd en zei: Nee, er is **niets** dat iemand kan doen. Toen stond ze op en ging haar huis binnen. Ik stond daar een ogenblik, niet wetend wat te doen. Toen ging ik verder met het maaien van mijn gazon. Toen ik klaar was, moest ik denken aan mevrouw Johnson en haar kat.

Vprašanja za razumevanje

1. Koliko je ura?

2. Kje oseba kosi?

3. Kako se oseba počuti?

4. Zakaj mora oseba kositi počasi?

5. Kakšno je vreme?

6. Kaj počne oseba po košnji?

7. Kaj oseba sliši, preden gre domov?

8. Kdo je z gospo Johnson?

9. Zakaj gospa Johnson joka?

10. kaj oseba reče gospe Johnson?

Begrip vragen

1. Hoe laat is het?

2. Waar is de persoon aan het maaien?

3. Hoe voelt de persoon zich?

4. Waarom moet de persoon langzaam maaien?

5. Wat voor weer is het?

6. Wat doet de persoon na het maaien?

7. Wat hoort de persoon voordat hij naar huis gaat?

8. Wie is er bij Mrs Johnson?

9. Waarom huilt Mrs Johnson?

10. Wat zegt de persoon tegen Mrs. Johnson?

Striženje

Že več tednov sem se nameravala postriči, a sem to vedno odlašala. A ker je bil **božič tik pred vrati,** sem vedela, da tega ne morem več odlašati. Nisem želela priti na božično večerjo svoje družine kot neurejena. Zato sem se zgodaj zjutraj na božič odpravila v salon. Čeprav je bilo zgodaj, je bil salon že poln drugih ljudi, ki **so si za** praznike urejali lase. Postavila sem se v vrsto in čakala, da pridem na vrsto. Končno sem bila na vrsti na stolu. Frizerka, prijazna ženska po imenu Jill, me je vprašala, kaj si želim. "Samo obrezati, nič preveč drastičnega," sem odgovorila. Jill se je lotila dela in mi postrigla lase. Med njenim delom sem se začela sproščati. Dobro se mi je zdelo, da končno skrbim zase. V zadnjem času sem bila tako zaposlena s skrbjo za vse druge, da sem svoje potrebe pustila ob strani. Vendar ne **več**. Od zdaj naprej si bom vzela čas zase.

Ko je Jill končala, sem se pogledala v ogledalo in bila zadovoljna s tem, kar sem videla. Moji lasje so bili videti urejeni in spolirani - kot nalašč za praznična srečanja. **Zahvalila sem se** Jill in si v **mislih** zapisala, da se bom vračala pogosteje. Odslej bom skrbela predvsem zase. Lotila se je striženja mojih las. Pomislila sem, kako hvaležna sem, da sem se končno odločila za striženje. Dobro sem se počutila, ko sem vedela, da bom za

Naar de kapper

Ik wilde al weken naar de kapper, maar op de een of andere manier kon ik het steeds uitstellen. Maar met **Kerstmis voor de deur**, wist ik dat ik het niet langer kon uitstellen. Ik wilde niet op het kerstdiner van mijn familie verschijnen als een smerige puinhoop. Dus, vroeg op kerstochtend, ging ik naar de salon. Hoewel het nog vroeg was, was de salon al druk bezig met andere mensen **die** hun haar lieten doen voor de feestdagen. Ik nam plaats in de rij en wachtte op mijn beurt. Eindelijk was het mijn beurt in de stoel. De styliste, een vriendelijke vrouw die Jill heette, vroeg me wat ik wilde. "Gewoon een knipbeurt, niets te drastisch," antwoordde ik. Jill ging aan de slag en knipte mijn haar weg. Terwijl ze werkte, begon ik te ontspannen. Het voelde goed om eindelijk voor mezelf te zorgen. Ik had het de laatste tijd zo druk gehad met voor iedereen te zorgen, dat ik mijn eigen behoeften aan de kant had laten liggen. Maar **nu** niet **meer**. Van nu af aan, zou ik tijd voor mezelf maken.

Toen Jill klaar was, keek ik in de spiegel en was blij met wat ik zag. Mijn haar zag er netjes en gepolijst uit-perfect voor vakantie bijeenkomsten. Ik **bedankte** Jill en maakte een notitie om vaker terug te komen. Van nu af aan zal ik in de eerste plaats voor mezelf

božično **večerjo** videti lepo. Ne bo mi več treba skrbeti, da se mi bo družina norčevala iz mojega "neurejenega" videza. Po nekaj minutah je frizer končal s striženjem in me na hitro posušil. Pogledala sem se v ogledalo in bila zadovoljna s svojim videzom - čisto pristrižen videz, ki bo popoln za božično večerjo. Zdaj, ko je bilo striženje končano, sem se lahko osredotočila na uživanje v prazničnih dneh z družino. Za to sem bila še bolj hvaležna.

Počutila sem se tako **osvobajajoče in** všeč mi je bilo, kako je bila videti moja nova pričeska. Ko sem plačala striženje, sem odšla domov in začela pakirati za potovanje. **Komaj** sem čakala, da svoj novi videz pokažem družini in prijateljem. Vedela sem, da bodo presenečeni, ko me bodo videli. Na dan poleta sem na letališče prispela z veliko časa na zalogi. Brez težav sem opravila varnostni pregled in kmalu sem bila na poti. Ko sem prispela na cilj, sem začutila vznemirjenje v zraku. Božič je bil zagotovo v zraku! Na letališču me je pričakala moja družina, ki je bila navdušena nad mojo novo pričesko. Naslednjih nekaj dni smo **se družili in** uživali v **družbi drug drugega**.

zorgen. Ze begon aan mijn haar te knippen. Ik dacht eraan hoe dankbaar ik was dat ik er eindelijk aan toe was gekomen om mijn haar te laten knippen. Het voelde goed om te weten dat ik er toonbaar uit zou zien voor **het kerstdiner**. Ik hoefde me geen zorgen meer te maken dat mijn familie me zou plagen over mijn "smerige" uiterlijk. Na een paar minuten was de styliste klaar met het knippen van mijn haar en föhnde ze me snel. Ik keek in de spiegel en was blij met wat ik zag: een strak geknipt kapsel dat perfect zou zijn voor het kerstdiner. Nu mijn kapsel achter de rug was, kon ik me concentreren op de feestdagen met mijn gezin. En daar was ik nog dankbaarder voor.

Het voelde zo **bevrijdend**, en ik hield van de manier waarop mijn nieuwe kapsel eruit zag. Nadat ik voor mijn kapsel had betaald, ging ik naar huis en begon ik in te pakken voor mijn reis. Ik **kon niet** wachten om mijn nieuwe look aan mijn familie en vrienden te tonen. Ik wist dat ze verrast zouden zijn als ze me zouden zien. Op de dag van mijn vlucht kwam ik ruim op tijd aan op de luchthaven. Ik ging zonder problemen door de beveiliging en al snel was ik op weg. Zodra ik op mijn bestemming aankwam, kon ik de opwinding in de lucht voelen. Kerstmis hing zeker in de lucht! Mijn familie was er om me op de luchthaven te begroeten, en ze waren allemaal verbaasd over mijn nieuwe kapsel. We brachten de volgende dagen door **met bijpraten** en genieten van elkaars **gezelschap**.

Vprašanja za razumevanje

1. Kaj mora glavni junak storiti pred božičem?

2. Kako se je protagonistka počutila, ko je skrbela zase?

3. Kdo je glavnemu junaku postrigel lase?

4. Zakaj se je protagonistkina družina želela norčevati iz nje?

5. Kako se je glavna junakinja počutila po striženju?

6. Kaj je storila glavna junakinja, ko se je ostrigla?

7. Kakšen je bil odziv protagonistkine družine na njeno striženje?

8. Kaj je glavni junak počel na božični večer?

9. Zaradi česa je bila protagonistova izkušnja bolj posebna?

10. Kaj bi se zgodilo, če se glavni junak ne bi ostrigel?

Begrip vragen

1. Wat moest de hoofdpersoon doen voor Kerstmis?

2. Hoe vond de hoofdpersoon het om voor zichzelf te zorgen?

3. Wie heeft het haar van de hoofdpersoon geknipt?

4. Waarom ging de familie van de hoofdpersoon haar plagen?

5. Hoe voelde de hoofdpersoon zich nadat ze naar de kapper was geweest?

6. Wat heeft de hoofdpersoon gedaan nadat ze naar de kapper is geweest?

7. Wat was de reactie van de familie van de hoofdpersoon op haar kapsel?

8. Wat deed de hoofdpersoon op kerstavond?

9. Wat maakte de ervaring van de hoofdpersoon specialer?

10. Wat zou er gebeuren als de hoofdpersoon niet naar de kapper zou gaan?

Park

Sonce je zahajalo in park je bil prazen. Sedel sem na klopi in čakal na **prijatelja**. Srečanje sva načrtovali že pred eno uro, vendar je vedno zamujala. Ko sem že hotela obupati in oditi domov, sem jo zagledala, kako teče proti meni. "Tako mi je žal," je vzdihovala, ko je prišla do klopi. "Moj vlak je imel **zamudo.**" "Vse je v redu," sem **odpustila**. "Pravkar sem prišla sem." Nekaj časa smo se usedli in klepetali ter se seznanjali z življenjem drug drugega od našega zadnjega srečanja. Pogovor je tekel z **lahkoto in** zdelo se je, kot da od zadnjega srečanja sploh ni minilo veliko časa. Ob sončnem zahodu sva se poslovila in odšla vsak svojo pot. Naslednjič sva se srečala v drugem parku. Tudi tokrat je zamujala, vendar me to ni motilo. Lepo se je bilo pogovarjati z nekom, ki me je **razumel.** Pogovarjala sva se o najinih sanjah in **željah, o** stvareh, ki sva jih želela početi v življenju. Povedala mi je, da namerava potovati po svetu, jaz pa sem ji zaupal svoje sanje, da bi postal pisatelj. Ko je sonce zašlo v drugi dan, sva se še enkrat poslovila in si obljubila, da bova tokrat ostala v stiku.

Leta so minevala in najino **prijateljstvo** je ostalo trdno, čeprav sva zdaj živela na različnih koncih države. V stikih sva ostala prek pisem in občasnih telefonskih

Het park

De zon ging onder, en het park was leeg. Ik zat op het bankje te wachten op mijn **vriendin**. We hadden hier al een uur geleden afgesproken, maar ze was altijd te laat. Net toen ik het wilde opgeven en naar huis wilde gaan, zag ik haar naar me toe rennen. "Het spijt me zo," hijgde ze toen ze de bank bereikte. "Mijn trein **had vertraging**." "Het is goed," zei ik **vergevingsgezind**. "Ik ben hier net zelf." We gingen zitten en praatten een poosje, praatten bij over elkaars leven sinds we elkaar voor het laatst zagen. Het gesprek verliep **vlot**, en het leek alsof er helemaal geen tijd was verstreken sinds we elkaar voor het laatst hadden gezien. Toen de zon onderging, namen we afscheid en gingen onze eigen weg. De volgende keer dat we elkaar zagen, was in een ander park. Weer was ze te laat, maar dat vond ik niet erg. Het was fijn om iemand te hebben om mee te praten die me **begreep**. We spraken over onze dromen en **aspiraties**, dingen die we wilden doen met ons leven. Zij vertelde me over haar plannen om de wereld rond te reizen, en ik deelde mijn droom om schrijfster te worden. Toen de zon weer onderging, namen we afscheid van elkaar en beloofden we elkaar dit keer te blijven zien.

Jaren gingen voorbij, en onze **vriendschap** bleef sterk,

klicev ter drug z drugim delila novice iz najinega življenja. Ko je naznanila, da se bo poročila, me ni **presenetilo -** vedno je bila **pustolovski** tip. Toda ko me je vprašala, ali bi bila njena poročna priča na poročni slovesnosti, ki je potekala na drugem koncu sveta od kraja, kjer sem živela ... to me je moralo prepričati! Na koncu pa nisem mogla dovoliti, da bi se moja najboljša prijateljica poročila, ne da bi ji stala ob strani, zato sem kljub strahu (in po njenem velikem prepričevanju!) **privolila, da se** udeležim **dogodivščine, ki se je izkazala za** življenjsko **pustolovščino.**

Končno je prišel dan **poroke.** Bila sem živčna, vendar navdušena, da bom lahko sodelovala pri tako pomembnem trenutku v življenju moje prijateljice. Obred je bil čudovit in videti je bila srečna, ko je izrekla svoje zaobljube. **Po poroki** smo praznovali z veliko zabavo - zdelo se je, da so vsi, ki jih je poznala, prišli praznovat z njo! To je bil **čaroben** dan, ki ga ne bom nikoli pozabila, najino prijateljstvo pa se je po tej dogodivščini le še okrepilo. Zdaj, leta pozneje, sva še vedno v stikih. Odkar sva se prvič srečala, sva **se** oba zelo **spremenila,** vendar je najino prijateljstvo tako močno kot vedno.

ook al woonden we nu in verschillende delen van het land. We hielden contact door middel van brieven en af en toe telefoontjes, waarbij we nieuws over ons leven met elkaar deelden. Toen ze aankondigde dat ze ging trouwen, was ik niet **verbaasd** - ze was altijd al een **avontuurlijk** type geweest. Maar toen ze me vroeg of ik haar bruidsmeisje wilde zijn op haar huwelijksceremonie, dat halverwege de wereld zou plaatsvinden, van waar ik woonde... daar was wel wat overtuigingskracht voor nodig! Maar uiteindelijk kon ik mijn beste vriendin niet laten trouwen zonder mij aan haar zijde, dus ondanks mijn angsten (en na veel smeken van haar!) **stemde** ik ermee in om mee te gaan op wat het **avontuur** van mijn leven bleek te zijn.

De dag van de **bruiloft was** eindelijk aangebroken. Ik was nerveus, maar opgewonden om deel uit te maken van zo'n belangrijk moment in het leven van mijn vriendin. De ceremonie was prachtig, en ze zag er gelukkig uit toen ze haar geloften aflegde. **Daarna** vierden we het met een groot feest - het leek wel of iedereen die ze kende was gekomen om het met haar te vieren! Het was een **magische** dag die ik nooit zal vergeten, en onze vriendschap is na dat avontuur alleen maar sterker geworden. Nu, jaren later, houden we nog steeds contact. We zijn allebei veel **veranderd** sinds we elkaar voor het eerst ontmoetten, maar onze vriendschap is nog even sterk als altijd.

Vprašanja za razumevanje

1. Kje sta se avtorica in njena prijateljica prvič srečali?

2. Zakaj je avtorjev prijatelj zamudil na njun sestanek?

3. O čem sta se prijatelja pogovarjala, ko sta se po letih ponovno srečala?

4. Kako se je avtorica počutila, ko se je udeležila prijateljičine poroke?

5. Opišite okolje poročnega obreda.

6. Kako se je sčasoma spremenilo prijateljstvo med ženskama?

7. Kakšne so avtorjeve sanje?

8. Kam namerava avtorjev prijatelj odpotovati?

9. Zakaj se je avtorica obotavljala, da se bo udeležila prijateljičine poroke?

Begrip vragen

1. Waar hebben de auteur en haar vriendin elkaar voor het eerst ontmoet?

2. Waarom was de vriend van de auteur te laat op hun afspraak?

3. Waar hadden de vrienden het over toen ze elkaar jaren later weer ontmoetten?

4. Hoe vond de schrijfster het om de huwelijksceremonie van haar vriendin bij te wonen?

5. Beschrijf de omgeving van de huwelijksceremonie.

6. Hoe is de vriendschap tussen de twee vrouwen in de loop der tijd veranderd?

7. Wat is de droom van de auteur?

8. Waar is de vriend van de schrijver van plan heen te reizen?

9. Waarom aarzelde de schrijfster om de huwelijksceremonie van haar vriendin bij te wonen?